LE TRIOMPHE DU St ROSAIRE

MARTYRS DOMINICAINS

DU JAPON.

Typ. H. Damelet, à Lons-le-S.— 1115-65.

LE TRIOMPHE

DU

SAINT ROSAIRE

OU LES

MARTYRS DOMINICAINS

DU JAPON

Béatifiés par Pie IX, en 1867,

PAR

Le R. P. ANDRÉ-MARIE, des Frères-Prêcheurs,

DÉDIÉS AUX CONFRÈRES DU SAINT ROSAIRE

Au Japon ! au Japon ! O mes frères,
que le Japon est une belle chose !

PAROLES DU B. FRANÇOIS MORALÈS,
Dominicain.

LYON,

BAUCHU & Cie, LIBRAIRES ÉDITEURS

PLACE BELLECOUR, 6.

1868

APPROBATIONS.

—

Ayant examiné par l'ordre du T. R. P. Provincial un manuscrit intitulé *Le Triomphe du Saint Rosaire, etc.,* par le R. P. Fr. André-Marie, des Frères-Prêcheurs, nous n'y avons rien trouvé que de pieux et édifiant, et nous pensons que cet opuscule sera utilement publié.

Fait à Lyon, en notre couvent du T. S. Nom de Jésus, le 19 juin 1868, fête du Sacré-Cœur de Jésus.

<table>
<tr><td>Fr. PIE,
Prieur des Fr. Prêch.</td><td>Fr. CESLAS-MARIE,
des Fr. Prêch.</td></tr>
</table>

Imprimatur :
Fr. LUDOVICUS-MARIA,
Prior-Prov. Ord. Præd.

Imprimatur :
DE SERRES,
Vic.-Gen. Lugdunensis.

Aux Associés du Saint-Rosaire.

Nous vous offrons, chers Associés, cette courte Notice des martyrs dominicains du Japon, béatifiés en 1867 par Pie IX, et nous le faisons d'autant plus volontiers qu'un très grand nombre vous appartiennent, et sont désormais une page glorieuse des Annales du saint Rosaire.

Il y a, dans le nombre de ces martyrs, des missionnaires intrépides, des religieux austères et mortifiés, des tertiaires fervents, des catéchistes zélés, des chrétiens inébranlables dans la foi, des femmes fortes et vertueuses, de jeunes enfants héroïques: c'est une armée qui marche courageuse et unanime sous le souffle de l'Esprit Saint. Tous ceux dont nous parlerons ici appartiennent à l'Ordre de St-Dominique ou au saint Rosaire, et ces deux titres, que nous aimons en ce moment à confondre devant vous, puisque vous participez aux grâces spirituelles de l'un et de l'autre, vous rendront, je l'espère, le spectacle de leur vie et de leur martyre infiniment précieux.

Ne soyez donc pas étonnés, chers Associés, que nous ayons pris un titre qui, j'en suis sûr, a réjoui votre cœur. Ce n'est point dans le but de vous donner une satisfaction vaine et frivole que notre opuscule s'appelle LE TRIOMPHE DU SAINT ROSAIRE. Outre que ce titre n'est point de notre invention, il est l'expression très exacte de la vérité. En effet, nous ne craignons pas d'affirmer qu'entre tous les secours divins qui ont concouru au glorieux triomphe de nos martyrs au Japon, le saint Rosaire occupe un des premiers rangs.

Cette affirmation n'a rien d'étonnant pour ceux qui ont le bonheur de connaître, d'aimer et de pratiquer le Rosaire. Ils savent que c'est une arme puissante entre les mains des apôtres et des simples fidèles ; ils savent que le Rosaire est une lumière vive et pénétrante, un foyer d'amour qui réchauffe et transforme les cœurs. Cette action victorieuse du Rosaire est un fait historique. Tout le monde sait les prodiges opérés, les nombreuses conversions obtenues en France et en Italie par la prédication du Rosaire au temps de saint Dominique, et plus tard par les disciples du saint Patriarche dans le monde entier. Chacun de nous peut voir ce que le Rosaire fait encore de nos jours en notre vieille Europe, au milieu des ravages de l'impiété et de la corruption des temps modernes. Il en fut ainsi dans l'Extrême-Orient, et particulièrement au Japon dès l'arrivée des enfants de St-Dominique.

Leur premier soin fut de fonder, aux îles Philippines, une province de leur Ordre sous le patronage de *Notre-Dame du saint Rosaire*. Quels hommes que ces fervents et intrépides missionnaires ! Ils comprirent d'abord que pour remplir le but qu'ils se proposaient ils devaient tous être des saints. Les moyens étaient admirablement tracés dans les traditions de leur Ordre : on les vit donc rester fidèles aux observances monastiques, **aux fortes études**, et aux gigantesques entreprises du zèle apostolique qui avaient distingué les premiers enfants de St-Dominique. Ils comprirent surtout que rien n'était plus propre que la dévotion **au saint Rosaire** pour féconder leur apostolat chez les nations infidèles. Ce n'était point à leurs yeux une chose secondaire : nous les voyons partout le Rosaire à la main, prêchant le Rosaire, méditant le Rosaire, faisant chanter le Rosaire à tous les peuples de la Chine, du Tonkin, du Japon, et des îles adjacentes. N'en doutons pas, c'est à cette ferveur, à cet amour, je dirai volontiers à cet enthousiasme, pour le saint Rosaire, que nos apôtres et leurs fervents chrétiens du Japon ont mérité d'arriver à la sainteté et au martyre.

Le Père François Carrero, dans son excellent ouvrage intitulé le *Triomphe du saint Rosaire au Japon*, constate sur ce sujet plusieurs choses très consolantes(1).

(1) Trionfo del Santo Rosario y orden de San Domingo en los reynos del Japon, 1617-1624. Manila, 1626

Il remarque qu'à partir de l'établissement de cette dévotion le christianisme fit des progrès très rapides, et il ajoute qu'à mesure que la persécution augmentait, Dieu fortifiait cette sainte dévotion dans les cœurs des fidèles. Il fallut alors traduire en japonais un *Manuel du saint Rosaire*; ce livre, comme une *Rose mystique effeuillée* sur toutes les plages du Japon, produisit des fruits de salut très abondants. Alors, tous les chrétiens s'enrôlèrent sous les bannières de Marie, et voulurent en signe de leur fidélité porter le Rosaire au cou et aux bras. Un grand nombre d'entre eux récitaient chaque jour le Rosaire entier.

L'amour du Rosaire alla plus loin chez ce peuple vraiment admirable. On organisa des confréries régulières, avec des exercices très suivis. La confrérie de Nangazaki, la plus considérable de toutes, était divisée par quartiers avec un prieur pour les hommes et une prieure pour les femmes. C'est sans doute à cause de cette ferveur et de cet élan extraordinaires que les supérieurs de l'Ordre de St-

Dominique se sont empressés de recueillir les actes des confrères martyrisés au Japon : ce n'est pas sans un légitime orgueil et sans des droits incontestables que nous aimons à les compter aujourd'hui comme des membres affiliés à notre famille dominicaine.

Vous le voyez, chers Associés, c'est 'un héritage de famille que nous sommes aujourd'hui appelés à partager ensemble. Sur les deux cent cinq martyrs béatifiés en 1867, plus de la moitié sont les protecteurs particuliers de l'Ordre de St-Dominique et du saint Rosaire (1). D'autres appartiennent à l'Ordre de St- Augustin, de St-François et à la Compagnie de Jésus.

(1) Sur ce nombre il y avait 21 religieux du Grand-Ordre. Le catalogue des martyrs imprimé à Rome indique 17 tertiaires, mais il nous a été répondu que c'était sans préjudice des modifications ultérieures sur ce point accessoire des martyrs béatifiés. Nous croyons donc pouvoir maintenir provisoirement, avec les procès-verbaux de Manille et de Macao que les tertiaires de Saint-Dominique étaient au nombre de 24. Quant aux confrères du Saint-Rosaire, il est difficile de dire leur nombre exact, mais il ne doit pas être moins de 70, sans compter ceux qui sont indiqués sous d'autres titres au catalogue des Bienheureux, et qui devaient également appartenir au Saint Rosaire.

Puissent ces lignes vous être agréables, vous encourager dans l'amour et dans la pratique du saint Rosaire, et augmenter la vie de la foi dans tous vos cœurs.

Lyon, couvent du Très-Saint Nom de Jésus, le 11 juin 1868, Fête du Très-Saint Sacrement.

F. A. M.

LE TRIOMPHE DU SAINT ROSAIRE

OU LES

MARTYRS DOMINICAINS DU JAPON.

Saint François Xavier porta le premier la foi au Japon, en 1549. On compta bientôt plus de deux cent mille chrétiens. C'était une riche moisson d'âmes qu'il fallait entretenir et augmenter encore, s'il était possible. Les Pères de la compagnie de Jésus ne pouvaient plus suffire seuls ; au reste, l'horizon s'était déjà bien assombri, et quoique les conversions fussent encore assez nombreuses, l'humeur jalouse de Taicosama, empereur du Japon, créait déjà de grandes difficultés. On appela les Augustins, les Franciscains et les Dominicains. Ce ne fut pas un des moindres mérites des derniers arrivés que d'entrer au milieu des souffrances d'une persécution qui commençait et qui promettait les plus affreuses tortures. En effet, le 5 février 1597, vingt-six martyrs, aujourd'hui canonisés, mouraient sur la croix, à Nangazaki.

Depuis cette époque jusqu'en 1614, on put respirer un peu, et les quatre Ordres religieux qui se trouvaient réunis au Japon exercèrent leur zèle avec succès. Les Frères-Prêcheurs eurent bientôt des maisons à Méaco, à Omura, à Nangazaki; on leur permit même de bâtir quelques églises, dont la première fut consacrée à N.-D. du St-Rosaire. Ils s'avancèrent jusqu'aux provinces les plus éloignées, et laissèrent partout des traces consolantes de leur apostolat. Cependant Daïfusama qui avait succédé à Taïcosama voulut aussi se donner la satisfaction de persécuter les chrétiens; il lança, en 1614, un édit de persécution: tous les missionnaires devaient être expulsés, toutes les églises démolies et tous les chrétiens renoncer au christianisme sous peine de mort. On ne put exécuter d'abord qu'une partie des ordonnances impériales; mais, en 1617, l'orage qui grondait, éclata. La persécution se généralisa d'une manière effrayante, et offrit dès lors de nombreux exemples d'héroïsme chrétien.

C'est à ce moment que nous abordons le récit de nos martyrs dominicains (1).

(1) Nous n'indiquerons pas chaque fois dans cet opuscule, les sources où nous avons puisé. Qu'il nous suffise de dire que nous nous sommes servi des documents indiqués dans les *Missions dominicaines* (librairie chrétienne de Bauchu et Cie, Paris et Lyon, 1865), et que pour d'autres, nous avons adopté les récits du R. P. Fr. Pie-Thomas Masetti, dans son ouvrage intitulé : *J Martiri dell' Ordine de' Predicatori, etc.*, Roma, 1868.

I

Martyre du B. Alphonse Navarrete et de ses compagnons. 1617, 1er juin.

Le B. Alphonse Navarrete, vicaire-provincial des Frères-Prêcheurs au Japon, fut un des premiers athlètes choisis de Dieu pour confesser la foi. Ce digne enfant de saint Dominique n'était pas homme à reculer devant le danger quand le salut du prochain et la gloire de Dieu lui indiquaient le chemin du devoir. Il venait d'apprendre le martyre de Pierre de l'Ascension et de Jean-Baptiste Tavora, à Omura, et savait d'un autre côté le besoin que les chrétiens de cette ville avaient de secours religieux. C'en fut assez pour enflammer son courage : il résolut de s'y rendre en compagnie du Père Ferdinand de St-Joseph, religieux Augustin.

Le Père Ferdinand, qu'Alphonse Navarrete avait pris pour son compagnon, était un religieux d'une vertu éminente ; son humilité, sa douceur, sa charité et son zèle lui avaient acquis toutes les sympathies. Il voulut se mettre sous la direction du Père Alphonse, et travailler avec lui à la conquête des âmes. Tous les deux se mirent en prière pour mieux connaître la volonté de Dieu ; ils redoublèrent d'austérités, et consultèrent les religieux les plus doctes et les plus prudents. Le voyage d'Omura fut décidé : c'était dans les circonstances présentes aller droit au martyre. Voici comment le Père Alphonse Navarette rendit compte de cette détermination à ses frères.

« Jésus soit en vos cœurs et vous donne son saint esprit !

« Vous savez, mes Révérends Pères, comment cette chrétienté est exposée et va déclinant tous les jours, et combien il est nécessaire de la fortifier par l'exemple. C'est pourquoi je vous conjure par les entrailles de notre bon Jésus d'être les vrais enfants de notre Père saint Dominique, de vivre dans une grande paix et fraternité avec les Pères des autres Ordres religieux. Je vais à Omura consoler et affermir les chrétiens : le sang de deux nouveaux martyrs les a bien disposés à recevoir le secours de notre ministère. Plaise à la divine Majesté que notre voyage tourne à sa plus grande gloire! comme il pourrait m'arriver d'être fait prisonnier, je laisse à ma place le Père François Moralès. Si j'étais assez heureux pour confesser la foi par le martyre, vous nommeriez aussitôt un autre vicaire-provincial, comme le veulent nos constitutions. Je vous supplie et vous conjure de n'avoir aucun égard aux mauvaises édifications que je vous ai données, soit en charge, soit hors de charge. Ne m'oubliez pas dans vos sacrifices et dans vos prières. Ayez un grand soin de la femme de Paul et de ses enfants, puisqu'il veut se sacrifier au service de N. S. et m'accompagner dans ce voyage. N'oubliez jamais l'œuvre des enfants trouvés; qu'elle augmente de jour en jour, et que toutes ces pauvres petites créatures soient secourues;

« Ce 24 mai 1617, jour de la Translation de notre Père saint Dominique.

« Frère Alphonse NAVARRETE. »

Paul, dont il est parlé dans cette lettre, était un fervent chrétien et un zélé catéchiste du Bienheureux Alphonse (1). Il eut plus

(1) Plusieurs auteurs graves placent Paul Nangaxi parmi les tertiaires de l'Ordre de St-Dominique.

tard la gloire du martyre, mais il n'était point destiné à suivre, pour cette fois, le divin Maître jusqu'à l'effusion de son sang.

Voici comment le B. Alphonse l'aborda pour lui annoncer son départ pour Omura.

— « Paul, mon fils, vous savez que le gouverneur d'Omura, le renégat, a martyrisé avant hier deux religieux : aurez-vous le courage d'aller chercher leurs saintes reliques et de me les apporter?

— « J'irai, répondit Paul, quand je devrais y perdre la vie.

Cette réponse toucha le B. Alphonse : il le prit par la main et le conduisit devant un autel, et après y avoir fait une fervente prière, ils se levèrent. Le Père le bénit et lui dit :

— « Paul, mon fils, sachez, et je vous conjure de ne le découvrir à personne, que je suis résolu de m'en aller à Omura pour y assister les chrétiens, et avertir le gouverneur du péché énorme qu'il a commis. Oserez-vous comparaître devant lui, me servir d'interprète, et lui dire de ma part, qu'en persécutant ainsi les fidèles, il s'expose à la damnation éternelle? »

Paul répondit que de très bon cœur il le ferait.

L'hôte du B. Alphonse, Garpard Ficogiro, confrère très-dévoué du **Saint-Rosaire**, s'aperçut bientôt du projet qu'on
méditait; il s'offrit avec instance pour
aller au martyre.

— « Je me doute fort, mon Père, que
vous allez partir et me laisser sans votre
bénédiction. Je vois bien que vous allez à
Omura pour y chercher le martyre. Ac-
cordez-moi une dernière faveur: si vous
croyez que je vous ai obligé en vous reti-
rant chez moi, permettez que je vous suive.
Je suis prêt à perdre mes biens et **ma vie**:
ce sera pour moi un grand bonheur de
souffrir pour l'amour de Jésus-Christ; depuis longtemps, vous le savez, c'est mon
seul désir. »

Gaspard Ficogiro devait encore attendre
quelques mois avant de jouir de ce bonheur. Toutefois le B. Alphonse consentit à
son départ, et l'on résolut de partir de **Nangazaki** le lendemain matin.

Alphonse Navarrete et Ferdinand de St-
Joseph, accompagnés de Paul et de Gaspard, ne firent que trois lieues ce jour-là
et s'arrêtèrent dans un village où ils prê-
chèrent et confessèrent pendant une grande
partie de la nuit. La foule accourue des en-

virons devint si nombreuse qu'ils y séjour-
nèrent deux jours entiers. L'incognito était
désormais impossible, tant était grand le
concours des fidèles. Les Pères jugèrent
donc à propos de ne plus se cacher, ils prirent
leurs habits religieux et poursuivirent leur
ministère comme si la paix eût été rendue
à l'Eglise du Japon. Le seigneur de ce
village, chrétien renégat, se convertit et
persévéra jusqu'à la mort. Tous les chrétiens étaient dans une sainte allégresse ;
ceux de Nangazaki accouraient en foule
pour consoler et pour aider les saints missionnaires dans leur pénible apostolat. Qui
nous dira les ferventes prières, les pieux
cantiques du Rosaire qui se firent entendre
en cette circonstance? Nangazaki était la
ville consacrée au Rosaire. Il y eut donc dans
ces réunions fraternelles une sainte émul-
lation de la part de tous les associés ; les
chefs du Rosaire de Nangazaki y appor-
tèrent sans doute leur tribut de zèle et
d'enthousiasme et l'on put goûter quelques
instants les joies pures d'une fête de famille.

Cependant, il fallut se séparer ; les
deux Pères s'avancèrent donc à petites jour-
nées vers Nangayé, port où l'on s'em-

barque pour Omura. Ce trajet dura trois jours; ils s'arrêtaient dans les villages pour la consolation des chrétiens et passaient la nuit à catéchiser, à prêcher et à confesser; chaque matin ils disaient la sainte Messe et donnaient la communion à un grand nombre de fidèles. Dieu bénit tellement leurs travaux que François Moralès fut obligé d'envoyer ensuite deux Pères pour achever le bien qui avait été si admirablement commencé dans ces contrées.

Quand les chrétiens de Nangayé virent arriver les deux Pères Alphonse et Ferdinand, avec leurs habits religieux, ils ne purent contenir leur joie, et se jetèrent à leurs pieds pour recevoir leurs bénédictions. Plusieurs voulurent se confesser et y employèrent toute la journée qui suivit; mais cette douce et pieuse consolation des fidèles ne devait pas être de longue durée.

Sur le soir, comme on chantait les Litanies de la Sainte Vierge et le *Salve Regina*, on vit arriver dans le port trois embarcations chargées de soldats portant des torches allumées. C'était la troupe du gouverneur d'Omura qui venait chercher les deux Pères. Ceux-ci, transportés d'un saint zèle, se rendirent aussitôt sur le rivage

au-devant des soldats, qui étaient presque
tous des chrétiens renégats ; les saints
missionnaires voulaient les embrasser et
les serrer contre leur cœur. Chose admirable ! ces pauvres malheureux fondant en
larmes, se prosternaient à leur tour jusqu'à
terre et s'excusaient de ce qu'ils étaient
obligés de les conduire en prison. Ce fut
une scène vraiment attendrissante que cette
arrestation : les chrétiens pleuraient, les
bons Pères consolaient, tous voulaient partir. On ne le permit qu'à deux : l'un s'appelait Jean, et l'autre Thomas ; ce dernier,
âgé de quinze ans, avait servi habituelle-
ment la messe au B. Alphonse.

Quand il fallut songer au départ, une foule
innombrable suivit les captifs à la lueur
des étoiles et des flambeaux jusqu'au lieu
de l'embarquement. Les chrétiens se jetaient en sanglotant sur les Pères pour les
embrasser une dernière fois. Les soldats
furent obligés, pour en finir, de les éloi-
gner à coups de bâton et d'approcher leurs
flambeaux pour les brûler ; mais rien ne
pouvait arrêter cet élan inspiré par la plus
tendre vénération. Plusieurs furent assez
heureux pour s'approcher des Pères. Alors,
dit naïvement Jean de Rechac, « ils leur

« coupèrent tant de petits morceaux de
« leurs habits, que par après, étant dans la
« frégate , ils se trouvèrent quasi sans
« habits. »

Au moment d'appareiller, les chrétiens
se mirent à jeter de hauts cris. Plusieurs
entrèrent dans l'eau tout vêtus, se ruèrent
sur la barque, et y entrèrent en si grand
nombre qu'elle faillit sombrer. On fit passer
les Pères et leurs compagnons dans une
autre barque et l'on s'éloigna promptement
du port. Les sanglots redoublèrent à cette
cruelle séparation : « O saints martyrs ! s'é-
« criaient les chrétiens, ô bienheureux !
« Vous allez jouir de Dieu dans le ciel,
« qu'allons-nous devenir au milieu des
« loups, abandonnés par nos pasteurs et
« nos pères ? »

Les prisonniers arrivèrent à Omura, au
milieu de la nuit. Le gouverneur, en les
voyant, fut excessivement affligé et tour-
menté ; il craignit, non sans quelque raison, que l'empereur du Japon ne lui enle-
vât tous ses biens et ses emplois pour avoir
négligé de poursuivre et de persécuter les
chrétiens. Il résolut donc de faire mourir
promptement les captifs et ordonna de conduire les deux Pères dans une petite île

déserte pour y être décapités; défense fut faite à tous les marins du port de sortir avant la fin de l'exécution.

Mais la décision du gouverneur ne fut pas tellement secrète que les chrétiens d'Omura ne l'apprissent. Ils s'emparèrent des barques, et, malgré l'opposition des soldats, suivirent les deux martyrs jusqu'à l'île d'Usuxima, lieu qui avait été désigné pour le supplice. La plupart voulurent se confesser, entre autres la grand'mère du roi, appelée Madeleine, et Marine, l'une de ses tantes. Ces fervents chrétiens ne pouvaient plus se séparer des saintes victimes qui allaient être immolées, et la violence de leurs sanglots était telle que les bourreaux eux-mêmes commençaient à se laisser attendrir. Celui qui présidait à l'exécution, voyant qu'il serait impossible d'en venir à bout dans cette île, fit embarquer de nouveau les Pères et les conduisit dans une autre île appelée Amagera.

Les généreux confesseurs furent encore transportés à trois reprises différentes dans des îles désertes toujours plus éloignées de la ville; mais les chrétiens ne se décourageaient point de les suivre. A Almagera, le B. Alphonse eut plusieurs occasions de les encourager dans la foi par des exhortations vives et pressantes, où le saint Rosaire ne fut point oublié; c'était en effet la force et la consolation du B. Alphonse en ces affreuses solitudes. Ce pauvre exilé récitait son Psautier de Marie comme un cantique du ciel, et il pouvait bien dire dans son tendre amour pour le Rosaire : « Si je t'oublie, Jérusalem, que ma droite s'oublie elle-même! que ma langue s'attache à mon palais, si je ne me souviens de toi, si Jérusalem n'est pas à jamais mon premier amour ! » (Ps. cxxxvi, 8.) Le Rosaire est, en effet, doux et suave comme Jérusalem pour ceux qui cherchent Dieu dans toute la générosité de leur âme.

D'Almagera, les captifs furent conduits à Coguchy. Ils aperçurent dans cette île des hommes qui portaient à la mer les précieuses reliques des Bienheureux martyrs Pierre de l'Ascension et Jean-Baptiste Tavora. On conduisait aussi captif un jeune chrétien nommé Léon, servant de messe du B. Jean-Baptiste. La foule allait toujours grossissant; on profita donc des ombres de la nuit pour transporter les prisonniers dans une autre île, et on renvoya Jean et Thomas, qui avaient suivi les

Pères, dans l'espoir de recueillir leurs précieux restes. Les soldats crurent qu'ils pouvaient enfin exécuter les ordres qu'ils avaient reçus, et ils dirent aux martyrs de se préparer à la mort. Alors, Alphonse Navarrete, promenant ses regards sur l'assemblée, reconnut quelques chrétiens déguisés en matelots, et s'adressant à l'un d'entre eux, il lui dit :— « Mon fils, je vous
« prie de me faire un plaisir. J'ai donné le
« crucifix que j'avais ; prenez deux petits
« bâtons et faites-en une croix, afin que je
« puisse mourir en chrétien, la croix à la
« main, pour l'amour de Celui que je
« porte dans mon cœur et qui a bien
« voulu mourir pour moi. »

Les soldats, irrités de voir qu'il y avait encore des chrétiens dans la foule, n'hésitèrent pas à s'embarquer de nouveau, et s'arrêtèrent enfin pour la dernière fois, dans l'île de Tacaxima, autrement dite des Epines. C'était en effet l'endroit choisi de Dieu pour le sacrifice de nos généreux martyrs. Alphonse Navarrete avait à sa droite le P. Ferdinand de St-Joseph, et à sa gauche le petit Léon. Tous trois se mirent à genoux. Le B. Ferdinand voulut d'abord baiser le glaive qui devait le frapper, puis il adressa quelques paroles aux assistants. Il avait le Rosaire d'une main, et le Cierge bénit de l'autre quand on lui trancha la tête d'un seul coup.

Vint ensuite le tour du B. Alphonse. Le courageux enfant de St-Dominique tenait une croix de la main droite, son Rosaire et un cierge bénit de la main gauche. Son visage était rayonnant d'une joie toute céleste et son âme paraissait plongée dans une profonde contemplation. Qui pourrait nous dire les pensées intimes du martyr aux approches de la mort ? Sans doute, Dieu daigna visiter son serviteur ; on eût dit, en effet, qu'il chantait déjà sur la terre l'hymne éternel de la reconnaissance et de l'amour. « Rentre, ô mon âme ! dans ton « repos, puisque le Seigneur t'a comblé de « biens. Il a délivré mon âme de la mort, « mes yeux des larmes, mes pieds de la « chûte. Je serai agréable au Seigneur « dans la terre des vivants. » (Ps. cxiv).

Ainsi priait le B. Alphonse, quand les bourreaux vinrent le frapper. Ils le firent d'une manière si maladroite, que sa tête resta à moitié suspendue. Le martyr tomba par terre, à la renverse ; ses yeux étaient levés au ciel comme s'il eût été encore en prière : ce ne fut qu'au troisième coup qu'il acheva de mourir.

Le petit Léon ne fut pas si maltraité ; d'un seul coup il fut décapité.

Ce glorieux triomphe eut lieu le 1er juin 1617. La vénération des fidèles se manifesta dans un saint empressement à recueillir les objets qui avaient appartenu aux martyrs ; les païens eux-mêmes trempèrent du linge dans le sang de leurs victimes. On s'empara de leurs vêtements, et le sabre, instrument du supplice, fut acheté plus tard cent cinquante écus par les chrétiens et envoyé aux Dominicains de Manille.

Une circonstance, qui suivit l'exécution, mérite d'être signalée. Dieu voulut montrer que le sang des martyrs, qui est une semence de chrétiens, est aussi un grand exemple de la charité et de l'union qui doivent régner entre des frères. Les quatre Ordres religieux qui évangélisèrent le Japon et qui s'y rendirent également célèbres par un zèle vraiment apostolique, se trouvèrent alors réunis dans la mort. Après le martyre du Bienheureux Alphonse Navarrete, dominicain, et Ferdinand de St-Joseph, augustin, on ouvrit les cercueils des Bienheureux Pierre de l'Ascension, franciscain, et Jean-Baptiste Tavora, jésuite, pour les jeter tous ensemble à la mer. Le corps d'Alphonse Navarrete fut mis dans un même cercueil avec celui de Jean-Baptiste Tavora ; Ferdinand de St-Joseph fut placé dans celui où reposait Pierre de l'Ascension. Ces deux cercueils furent fortement liés l'un à l'autre, chargés de grosses pierres, et lancés au milieu des flots.

C'est ainsi que la Providence divine associait ces hommes apostoliques dans une même destinée terrestre, comme elle voulut plus tard les associer dans un même triomphe en les plaçant ensemble sur nos autels. Pie IX, toujours inspiré dans ses œuvres admirables, a sans doute voulu nous montrer dans cette béatification simultanée la grande union des âmes dans la charité fraternelle. En effet, « il y a diversité « de dons spirituels, mais il n'y a qu'un « même esprit ; il y a diversité de minis- « tères, mais il n'y a qu'un même Seigneur ; « il y a diversité d'opérations, mais il n'y « a qu'un même Dieu qui opère tout en « tous (I Cor. xii, 4-6). »

Disons maintenant quelques mots de la vie du B. Alphonse Navarrete. Il naquit en 1571, d'après les uns à Valladolid, ou d'après le B. Orfanel, à Logrono, petite ville de la vieille Castille, dans le diocèse de Calahorra. Jeune encore il quitta les espérances que lui offrait dans le monde la position de sa noble famille, pour revêtir l'habit de saint Dominique au couvent de St-Paul de Valladolid. Il s'y forma dans la pratique des vertus et dans l'étude sérieuse des saintes lettres au ministère des missions lointaines, et, après une épreuve suffisante, il obtint de ses supérieurs la permission de partir pour les Philippines, en 1598. Il se consacra pendant plusieurs années à la conversion des Indiens de la Nouvelle-Ségovie, vaste province au nord-est de l'île de Luçon, fut envoyé de nouveau en Europe par la Province du St-Rosaire pour chercher des missionnaires, et revint à Manille en 1610.

Depuis longtemps Alphonse Navarrete aspirait à rejoindre ses frères qui l'avaient précédé au Japon. Il obtint enfin cette faveur du P. Balthazar Fort, alors provincial, et partit en compagnie du Père Dominique de Valderama, au mois de juin 1611. Nous ne pouvons suivre en détail tous les événements qui se succédèrent de 1611 à 1617.

Pendant cet espace de six ans, le B. Alphonse donna l'exemple de toutes les vertus les plus éminentes. On admirait son humilité, sa douceur, son zèle infatigable, et sa mortification d'autant plus extraordinaire qu'il était d'une constitution très délicate. Il eut à remplir la charge de vicaire-provincial, et s'en acquitta avec une prudence et une sagesse dignes de tout éloge. Enfin c'est à lui qu'on doit principalement la fondation et l'organisation des confréries du Rosaire et du T. S. Nom de Dieu et de Jésus. A partir de la persécution qui éclata en 1614, on le vit partout, encourageant les timides, relevant et fortifiant les pécheurs, et donnant aux âmes généreuses quelque chose du feu sacré dont il était consumé.

Il fut surtout admirable dans les œuvres de charité et mérita d'être appelé le Vincent de Paul du Japon. « Une de ses occupations les plus ordinaires, dit le Père de Charlevoix, était d'aller chercher les enfants que leurs parents exposaient dans les rues, faute de pouvoir les nourrir; il les faisait élever par des chrétiens charitables, et il en mit un très grand nombre dans le ciel, en les baptisant lorsqu'il les voyait près d'expirer. »

Ces pauvres petites créatures captivaient tellement son cœur qu'il leur consacra ses plus touchants souvenirs. Au moment de signer la foi de son sang, il en écrivit non seulement aux religieux de l'Ordre de saint Dominique, mais il les recommanda de nouveau au capitaine espagnol Paul Garruche qui l'avait jusqu'alors puissamment aidé dans cette œuvre: « Que Jésus soit « l'unique bien de votre âme et la sauve à « jamais! N'oubliez pas, je vous prie, de « continuer l'aumône que vous faites pour « les enfants trouvés; en cela vous accom- « plirez une chose très agréable à Dieu. Je « vous en conjure, de cette île déserte où « nous attendons la mort. »

Les enfants trouvés n'étaient pas les seuls objets de sa tendresse; il aimait aussi passionnément les pauvres. Pour subvenir aux besoins des plus affligés il avait établi, de concert avec les pères de St-François et de St-Augustin, la confrérie de la Miséricorde.

Enfin pour compléter ce coup d'œil rapide sur la vie du B. Alphonse Navarrete, nous dirons qu'il joignait à toutes ces vertus une grande intrépidité de caractère qui le prédisposait aux actes les plus héroïques de courage. Il vint un jour à savoir, dit l'historien déjà cité, « qu'on devait brûler dans une place publique quantité de chapelets, d'*Agnus Dei*, et d'autres objets pieux, qui avaient été saisis chez les chrétiens, et que des femmes étaient condamnées à être exposées nues dans le même endroit, si elles ne voulaient pas renoncer au christianisme. Il y courut aussitôt, parla aux exécuteurs de ces ordres impies et barbares ; en voyant que ceux-ci ne tenaient aucun compte de son discours, il se jeta au milieu du feu pour en tirer ce qu'on y avait déjà mis. »

Tel était le B. Alphonse Navarrete. Sa vie fut celle d'un saint religieux, sa mort fut celle d'un héros chrétien. Il avait environ quarante-six ans quand il fut décapité en haine de la foi.

II

Martyre du Bienheureux Gaspard Ficogyro, et André Gioxinda, confrères du St-Rosaire. 1617, Ier octobre.

Ces deux illustres chrétiens japonais étaient vraiment dignes d'ouvrir la série des martyrs des enfants du St-Rosaire. Ils avaient logé les bienheureux Alphonse Navarrete et Ferdinand de St-Joseph pendant les trois dernières années de persécution. Tous deux étaient dans la disposition d'accepter avec joie les plus grands sacrifices. Lorsqu'on arrêta les deux religieux qu'ils avaient appris à vénérer comme des Pères, ils voulurent les suivre au martyre ; mais les soldats, trop occupés de la capture des missionnaires, résistèrent à toutes leurs instances.

« Ecoutez-moi, soldats cruels ! s'écriait
« le B. Gaspard. Je suis de Nangazaki, j'ai
« logé trois ans ce religieux exilé, j'ai dé-
« sobéi à l'empereur. Faites-moi prison-
« nier, je vous en prie, je suis prêt. »

Les enfants du siècle n'ont pas de tels désirs. Il faut pour arriver à ce haut degré de générosité, à cette soif ardente du martyre, préparer son cœur dans la méditation des mystères de notre sainte Religion; il faut aussi nourrir et fortifier son âme dans une humble et persévérante prière. Cette flamme divine était chez les deux héroïques japonais un des fruits du St-Rosaire. Ils appartenaient tous deux à cette confrérie régulière et fervente que les Frères-Prêcheurs avaient fondée à Nangazaki, et ils avaient puisé dans les pieux exercices du Rosaire cette force invincible qui devait leur mériter la palme du martyre. En effet, cette faveur tant désirée ne tarda pas à leur être accordée. Gonroco, gouverneur de Nangazaki, avec lequel nous ferons bientôt plus ample connaissance, reçut les ordres les plus pressants de les faire mourir. On confisqua d'abord leurs biens, et l'on essaya de les vaincre par des promesses et par des menaces. Rien ne put fléchir la ferme résolution de ces généreux athlètes de Jésus-Christ. On les conduisit alors sur une plage déserte, où ils furent décapités et jetés à la mer, le 1er octobre 1617.

III

Mort précieuse du Bienheureux Jean Martinez, surnommé de St-Dominique. 1619, 19 mars.

Pendant que les persécuteurs exerçaient leur rage en donnant la mort à quelques chrétiens isolés, ils n'oubliaient pas de se préparer d'autres victimes, et jetaient dans les fers les plus zélés missionnaires et les Japonais les plus déterminés. Plusieurs y expiraient de misère. L'Eglise a toujours regardé comme martyrs les généreux confesseurs qui expirent à la suite des souffrances endurées pour la foi, surtout quand ils achèvent leur course dans les privations et les horreurs d'une prison.

C'est ainsi qu'il arriva au B. Jean de St-Dominique. Après avoir évangélisé plusieurs provinces des Philippines, il se rendait en Corée, en 1618, pour y exercer son zèle en gagnant toutes ces vastes contrées à l'Evangile. Mais tels n'étaient pas les desseins de Dieu: le navire aborda au

Japon, où le Père François Moralès, vicaire-provincial, réussit à garder Jean de
de St-Dominique. Celui-ci trouva au Japon
le Père Ange Orsucci, qui l'avait accompagné d'Europe aux Philippines, en 1602.
Ces deux hommes apostoliques eurent une
grande consolation de se revoir; Dieu devait bientôt leur en fournir une autre plus
grande encore, celle de confesser ensemble
le Nom de Jésus-Christ.

En effet, peu de temps après, le 13 dé-
cembre 1618, ils furent surpris au milieu
de la nuit par les satellites du gouverneur
de Nangazaki, et traînés devant son tribu-
nal en compagnie de plusieurs autres chrétien japonais. A toutes les questions qui
leur furent faites, ils répondirent :

— « Nous sommes religieux et enfants
de St Dominique. »

— « Comment, poursuivit le juge irrité,
« avez - vous osé venir en ces contrées
« lointaines contre la volonté de l'empe-
« reur !

— « C'est, répondirent les deux captifs,
« pour obéir à notre Dieu qui est le Roi
« des rois et l'Empereur des empereurs.
« Il nous envoie prêcher sa loi sainte par
« toute la terre, afin que tous les hommes

« apprennent le chemin du ciel, et, qu'en
« l'apprenant, ils soient tous sauvés. »

Après un long interrogatoire les deux Pères furent conduits le plus secrètement possible dans les prisons d'Omura.

Ces prisons sont devenues assez célèbres dans l'histoire des martyrs du Japon pour que nous en fassions une courte description. Nos prisons d'Europe seraient élégantes et presque confortables en comparaison de ces sortes de bergeries construites à ciel ouvert avec des pieux et des fascines, exposées à toutes les intempéries des saisons. Les captifs étaient entassés dans un très petit espace, ne recevant qu'une nourriture malsaine et insuffisante, n'ayant absolument rien pour se couvrir, et n'étant pas toujours libres de recourir à la charité des fidèles.

Cependant, la générosité et la ferveur des captifs transformaient toutes ces souffrances en véritables délices, et cette prison devint bientôt semblable à un couvent très régulier et très austère. Dès le commencement ils s'étaient prescrit un règlement de vie, qu'ils gardèrent constamment jusqu'à la fin : chaque jour les prêtres disaient la sainte messe, et tour à tour étaient supérieurs pendant une semaine. L'office se disait à deux chœurs. Après Matines, que l'on récitait au milieu de la nuit, il y avait une heure d'oraison mentale, accompagnée de sanglantes disciplines. Marie, Reine du St-Rosaire, n'était point oubliée : tous les soirs on chantait le *Salve Regina*, et tous les samedis les mystères du Rosaire transformés en cantiques spirituels. La prison d'Omura fut donc une école de toutes les vertus ; il devait en être ainsi, car la miséricorde divine l'avait destinée à devenir une pépinière de martyrs.

Quand Jean de St-Dominique et Ange Orsucci arrivèrent à Omura, la prison commençait déjà à se remplir. A la vue de cette assemblée de généreux confesseurs, ils ne purent s'empêcher d'entonner le psaume *Laudate Dominum, omnes gentes.* On leur répondit avec un saint enthousiasme : *Quoniam confirmata est super nos misericordia ejus.* Ils s'embrassèrent tous dans l'effusion de la plus vive tendresse, et ils ne cessèrent jamais depuis lors de répéter le doux cantique d'actions de grâces : « Qu'il est « bon, qu'il est doux pour des frères d'ha- « biter ensemble, »

Le B. Jean de St-Dominique ne goûta

dans sa prison aucune des douceurs que Dieu réserve quelquefois à ses saints au milieu des plus grandes souffrances. Le divin Maître lui présenta la croix dans toute sa nudité. En vain cherchait-on à calmer ses alarmes et à lui inspirer quelque pensée consolante. Il lui semblait toujours qu'il céderait aux tourments, n'étant pas digne, à cause de ses péchés, que Dieu l'assistât au milieu des supplices.

Cependant, il ne cessait de prier avec la plus profonde humilité. Dieu, après l'avoir ainsi purifié dans toutes les privations du corps et de l'âme, lui accorda son heureuse délivrance le 19 mars 1619, fête du glorieux époux de la Vierge Marie; il n'avait alors que 43 ans.

Ses compagnons de captivité, le considérant comme un saint et un véritable martyr, voulurent garder quelque chose de ses reliques. Ils lui coupèrent une main et un pied et donnèrent le reste de son corps aux soldats. Ceux-ci avaient reçu l'ordre de le brûler et de jeter ses cendres à la mer. Trente charges de bois accumulées sur son corps ne purent le consumer. On fut obligé de sortir ces restes précieux du milieu des flammes; on les hacha en petits morceaux pour les livrer ensuite à la merci des flots de l'Océan.

Jean Martinez, surnommé de St-Dominique, naquit en 1576, à Tierra de Campos, dans la vieille Castille, au diocèse d'Astorga. Il faisait ses études à l'université de Salamanque, quand il fut appelé à la vie religieuse. La réputation de science et de sainteté des Frères-Prêcheurs du couvent de St-Etienne de Salamanque le détermina bientôt à correspondre à l'appel de la grâce ; il y prit l'habit, et y fit profession le 4 juin 1594. Ses progrès dans la vertu furent très rapides, et il mérita cet éloge d'un de ses frères, témoin de sa vie et de son apostolat dans les missions de l'Extrême-Orient. « Cet excellent Père « était un grand travailleur, très religieux « et surtout très humble. Sa patience était « extrême et son détachement des choses « de ce monde très complet (1). »

(1) Relaz. del P. Orfanel.

IV

Martyre d'André Tocuan et de ses compagnons, confrères du St-Rosaire. 1619, 18 novembre.

Plus nous avançons, plus l'horizon s'assombrit. Gonroco, gouverneur de Nangazaki, était en veine de satisfaire ses penchants sanguinaires: il voulut frapper un grand coup.

Une illustre famille japonaise, très-dévouée à l'Ordre de St-Dominique et au saint Rosaire, et qui avait montré dès le commencement de la persécution une grande fermeté dans la foi et une grande générosité dans le sacrifice, attira d'abord l'attention du fonctionnaire anti-chrétien. André Tocuan jouissait en effet à Nangazaki de la plus haute considération; sa naissance, ses emplois, son caractère, le mettaient au premier rang; l'empereur du Japon lui avait donné toute sa confiance. Mais André Tocuan était fervent chrétien; il avait donné l'hospitalité pendant cinq ans au P. François Moralès, vicaire-provincial des Dominicains ; toute sa vie se passait en bonnes œuvres, et il avait surtout un zèle extraordinaire à propager la confrérie du Rosaire, dont il était un des chefs les plus intrépides : c'en fut assez pour le vouer au martyre avec sa femme, et une partie de sa nombreuse parenté.

L'arrestation du B. André Tocuan nous fournit un touchant exemple de l'esprit tout surnaturel qui animait cette pieuse famille. On raconte qu'au moment où entrèrent les soldats, Andréé tait absent. Marie Tocuan, sa femme, surmontant sa tendresse, et ne songeant qu'à la gloire du martyre, l'envoya promptement chercher ; elle ne voulait pas qu'il perdît cette occasion de confesser le Nom de Jésus-Christ ; elle demandait aussi en pleurant de le suivre dans les cachots, disant qu'elle n'était pas moins coupable, et qu'elle méritait le même sort. Nous verrons plus tard comment Dieu récompensa ses saints désirs.

André Tocuan était digne de cette héroïne chrétienne. En voyant les satellites, il s'écria : « Enfin j'ai tout ce que j'ai désiré « depuis longtemps ; et j'ai de plus l'insigne « faveur d'accompagner mon père et le plus « fidèle ami de mon cœur. »

En effet, le P. François Moralès avait été fait captif ce jour-là dans la maison d'André Tocuan. Par égard pour la noblesse de ce dernier, et pour éviter de donner en spectacle au peuple un japonais de distinction, on voulait le conduire en chaise à porteur. André méprisa cette offre: il s'estimait heureux et fier d'être enchaîné et méprisé pour Jésus-Christ, et ne pouvait supporter la pensée d'être mieux traité que son père, le B. Moralès. Après trois mois de captivité il comparut devant les juges. On le condamna à être brûlé vif avec un frère coadjuteur de la compagnie de Jésus, Léonard Kimura, et trois autres illustres confrères du St-Rosaire, Jean Xoum, Cosme Taquea, et Dominique Georges, ce dernier portugais.

Le juge voulut exprimer à André Tocuan la peine qu'il éprouvait à le condamner à mort. « Vous obéissez à votre Maître, ré-« pondit Tocuan, moi, j'obéis au mien; « seulement n'oubliez pas qu'en dehors de « la loi chrétienne il n'y a pas de salut. »

Le bienheureux martyr voulut avant de mourir écrire une dernière fois au Père François Moralès. — « Je vous rends « grâce, mon bien-aimé Père, de ce qu'à

« votre occasion j'ai le bonheur de mourir
« pour la gloire de mon Dieu.... Je vous
« recommande Marie, ma femme, et Paul,
« mon jeune fils. Quand, par la miséri-
« corde de mon Dieu, je serai dans le Pa-
« radis, je prierai pour vous Jésus mon
« Maître et mon Sauveur. »

André Tocuan écrivit aussi quelques lignes à sa femme, à ses frères et à d'autres
parents pour les encourager dans la pratique de la vertu, puis il rentra dans la
douce présence de Dieu et comme abîmé
dans une profonde contemplation.

Le 19 novembre 1619, André Tocuan
et ses compagnons marchaient au bûcher. On
vit le courageux japonais s'incliner devant
son poteau, l'embrasser et y rester quelque
temps immobile dans l'excès de sa joie. Il se
tourna ensuite vers le peuple et l'ex-
horta du geste et de la voix jusqu'à son
dernier soupir. Il ne s'en était point vu de
spectacle aussi solennel depuis le supplice
des vingt-six martyrs crucifiés en 1597.
On avait choisi la même colline, et tout
rappelait le même enthousiasme. Plus de
vingt mille personnes étaient accourues de
Nangazaki et des environs; les uns s'étaient
placés autour des bûchers, d'autres cou-

vraient la mer avec leurs barques. Tous les associés du Rosaire se trouvaient là, pressés dans la foule, émus d'une sainte joie à la vue du triomphe de leurs bienheureux confrères; ils chantaient leurs pieux cantiques et invoquaient à grands cris les noms de Jésus et de Marie. Enfin, le sacrifice fut consommé, les os calcinés des martyrs furent mis en morceaux et jetés à la mer. On ne put qu'avec peine en recueillir des débris épars.

Nous savons peu de choses des trois bienheureux confrères du St-Rosaire qui accompagnèrent le B. André Tocuan au supplice.

Dominique Georges était né à Aguiar de Sousa, en Portugal; il s'était marié au Japon avec Élisabeth Fernandez et eut de cette généreuse chrétienne un fils nommé Ignace: tous deux méritèrent aussi, comme nous le verrons, la couronne du martyre. Georges avait enduré les souffrances de la prison pendant une année avec une patience invincible.

Jean Xoum, né à Méaco, avait donné l'hospitalité au Père Alphonse de Mena; ce fut la cause de son arrestation et de sa mort.

Cosme Taquea, natif de Corée, était venu au Japon à l'âge de onze ans, comme prisonnier de guerre ; il y fut baptisé et s'y distingua par son dévouement à l'Ordre de St-Dominique et par son amour pour le St-Rosaire. Il reçut chez lui, à Nangazaki, les Bienheureux Pères Ange Orsucci et Jean de St-Dominique, à leur arrivée de Manille, et s'empressa de se mettre à leur disposition avec un zèle à toute épreuve ; il leur enseigna la langue et les caractères japonais. On peut regarder le B. Cosme Taquea comme le premier martyr de Corée, de cette vaste contrée qui s'étend en presqu'île au nord-est de la Chine vers les îles du Japon. On sait que la Corée a été illustrée depuis par de nombreux martyrs jusqu'à ces derniers temps. C'est donc une des gloires du St-Rosaire d'avoir fourni à la Corée les prémices de ce sang précieux qui fut dans tous les siècles une semence de chrétiens.

V

Martyre du B. Thomas Cotenda, et de ses dix compagnons, confrères du St-Rosaire. 1619, 27 novembre.

La confrérie du Rosaire eut bientôt l'occasion de fournir de nouveaux martyrs. Onze de ses membres les plus fervents et les plus zélés eurent la tête tranchée le 27 novembre 1619, sur la côlline des martyrs, près de Nangazaki. Leur seul crime était de n'avoir point dénoncé les missionnaires. Ils se rendirent tous au lieu du supplice, en habits de fête, au milieu des chants et des larmes d'attendrissement de tous les associés du Rosaire.

Thomas Cotenda se distinguait entre tous par sa naissance et encore plus par ses vertus. Il était proche parent du roi de Firando, et avait reçu une éducation très distinguée. Sa mortification était excessive : il passait les nuits en prière, portait un rude cilice, jeûnait et prenait la discipline trois fois par semaine. Son cœur désirait depuis longtemps le martyre, et il n'avait qu'un seul regret, celui de ne point mourir dans les flammes pour souffrir davantage.

Les autres confrères du St-Rosaire martyrisés ce jour là étaient les Bienheureux Barthélemy Xeki, Antoine Kimura, Jean Ivananga, Alexis Nacamura, Léon Nacanixi, Mathias Cozaca, Romain Matevoca, Mathias Nicano, Jean Motayana, et Michel Taxita; ce dernier, jeune homme de vingt-cinq ans, était surtout remarquable par sa douceur et par sa pureté virginale.

VI

Martyre du B. Simon Quiota, et de ses quatre compagnons , confrères du St-Rosaire. 1620, 16 août.

Dans une autre partie du Japon, à Cocura, royaume de Bugen, les confrères du saint Rosaire ne se montrèrent pas moins fervents dans la foi que ceux de Naugazaki.

Simon Quiota, vieillard sexagénaire, sa femme Madeleine, et trois autres, Thomas Guengoro, Marie sa femme et Jacques leur fils, furent dénoncés et traduits devant les tribunaux. Rien ne put ébranler ces chrétiens admirables, ni les promesses, ni les menaces ; ils restèrent inébranlables jusque dans les tortures, et le petit Jacques lui-même, malgré son jeune âge, se laissait frapper sans pleurer et se réjouissait au milieu de ses douleurs en pensant aux joies de l'éternité : ce cher petit enfant était vraiment digne de compter au nombre des pieux chevaliers du saint Rosaire : on se lassa bientôt de les tourmenter et la sentence fut prononcée.

Cette sentence fut tout à fait du goût des généreux confesseurs de la foi : ils étaient tous condamnés à mourir crucifiés, la tête en bas, comme saint Pierre. Le 15 août, on les conduisit au lieu du supplice. On portait devant eux, au bout d'une pique, leur sentence de condamnation. Les bienheureux martyrs étaient remplis d'une joie ineffable, et marchaient à la mort comme à un royal festin. Simon et Madeleine moururent les premiers sur le soir du 16 août, Marie les suivit de près ; Thomas et le petit Jacques vivaient encore trois jours après ; on fut obligé de les achever à coups de lance.

VII

Martyre du B. Louis Fraryn, ou Florès, et de ses compagnons. 1622, 19 août.

L'année 1622 devait être une des plus fertiles en martyrs, soit par le nombre, soit par la qualité des victimes qui furent immolées. Il faut bien le dire, Xongusama, qui avait succédé en 1616 à Daifusama, et son exécuteur infatigable, Gonroco, gouverneur de Nangazaki, s'y étaient préparés de longue main.

Mais entrons sans autres préambules dans le récit de ces événements merveilleux et tragiques.

Parmi les Frères Prêcheurs qui furent envoyés au Japon, un des plus extraordinaires et des plus illustres fut sans contredit le B. Louis Florès. La vie de cet homme a quelque chose d'étrange. Il vit le jour à Anvers, et fit ses études à Gand. Jeune encore, il passa en Espagne, à la suite de sa famille qui dut alors selon l'usage quitter son nom flamand de Fraryn, contre le nom espagnol de Florès. D'Espagne il suivit ses parents au Mexique, où il prit l'habit de St-Dominique au couvent de St-Hyacinthe de Mexico. Après de brillantes et fortes études il devint Maître des novices, puis, il passa aux Philippines, où il fut tour à tour missionnaire dans la Nouvelle-Ségovie et encore une fois Maître des novices. Son zèle ardent pour le salut des âmes lui obtint la faveur de partir pour le Japon où il ne devait mettre le pied que pour mourir dans les plus affreux supplices.

Il faut bien avouer qu'une telle destinée est de celles que Dieu ménage aux enfants gâtés de sa Providence. Nous allons, pour nous conformer à notre cadre restreint, suivre Louis Florès de Manille où il s'embarque pour le Japon, au bûcher de Nangazaki où il expire.

Un japonais nommé Joachim Firoyama, qui s'était fixé à Manille et qui se faisait appeler Diaz, eut un jour l'envie bien naturelle de revoir sa patrie. Il fréta un petit navire, et partit avec douze autres japonais tant passagers que matelots que l'amour du pays natal dirigeait aussi. Louis Florès profita de cette occasion qui semblait très favorable, et partit pour le Japon, en compagnie du Père Pierre du Zuniga, Augustin espagnol.

Dieu, dont les desseins sont impénétrables, permit que cette petite expédition donnât lieu de poursuivre avec plus d'acharnement les pauvres chrétiens japonais. Nos voyageurs, après avoir essuyé une tempête qui les força de relâcher à Macao, rencontrèrent entre l'île Formose et la Chine un navire hollandais qui les visita, et les emmena captifs à Firando, sur la côte du Japon, où ils arrivèrent le 4 août 1620.

Il entrait dans les vues du capitaine hollandais de colorer son brigandage et de persécuter deux pauvres religieux. Il se fit donc dénonciateur, et avertit le roi de Firando que deux religieux étaient au nombre des passagers. Dans les circonstances présentes, l'affaire était excessivement grave : on pouvait compromettre le sort des nombreux prisonniers détenus à Omura, indisposer l'empereur, et mettre l'Eglise du Japon à deux doigts de sa ruine. Louis Florès et Pierre de Zuniga, cachés sous des vêtements séculiers, dissimulèrent d'abord leur qualité de religieux ; poussés à bout, ils cherchèrent à fuir, ou plutôt ils laissèrent agir le zèle des religieux et des fidèles qui voulaient les sauver, et éviter ainsi les grands désastres qu'on prévoyait. Mais tout fut inutile; les malheureux prisonniers, après avoir souffert les plus indignes traitements de la part des hollandais hérétiques, furent obligés de se faire connaître : on les envoya prisonniers dans l'île d'Yuquinoxima.

Pendant ce temps, l'infatigable gouverneur de Nangazaki avait fait un voyage à la cour pour rendre compte des faits arrivés à Firando. L'empereur se mit dans une grande colère et commanda à Gonroco de se rendre en toute hâte dans son gouvernement, et de faire mourir tous les prisonniers de Firando, d'Omura et de Nangazaki. L'empereur ajouta que, s'il recevait désormais la moindre dénonciation au sujet des chrétiens, il ferait retomber sa juste indignation sur sa lenteur à exécuter ses ordres.

Il n'en fallait pas tant pour stimuler le zèle du grand exécuteur de Nangazaki. Gonroco partit sans délai, et aussitôt arrivé, il se mit en devoir de remplir les intentions de son souverain. Il envoya des courriers pour faire venir à Nangazaki les prison-

niers d'Omura et de Firando. Ceux-ci arrivèrent les premiers. Il publia donc l'édit
de mort contre le capitaine Joachim, son
équipage et les deux religieux ; le capitaine
et les deux religieux étaient condamnés à
être brûlés vifs ; les douze hommes de l'é-
quipage et les passagers devaient avoir la
tête tranchée : ils appartenaient tous à la
confrérie du saint Rosaire.

L'habile gouverneur voulut encore tenter
un dernier effort pour les gagner : il leur
parla d'abord très-doucement ; il alla
même jusqu'à leur promettre la vie. Pour
toute réponse les généreux confesseurs ex-
primèrent d'une voix unanime la joie qu'ils
avaient de mourir pour Jésus-Christ.

On procéda sans plus tarder à l'exécution
de la sentence. A la pointe du jour, le 19
août 1622, les illustres condamnés furent
conduits processionnellement à la colline
des martyrs. Les deux religieux portaient la
tonsure et étaient revêtus de l'habit de
leur Ordre ; leur visage respirait déjà quelque chose du ciel. Joachim, calme et pai-
sible, marchait à côté suivi par les douze
hommes qui l'avaient accompagné de Manille au Japon. Plus de trente mille personnes entouraient la colline. Il y avait là,

cachés dans la foule, trois religieux de l'Ordre de St-Dominique (1) ; on y voyait aussi toute la confrérie du saint Rosaire, heureuse et consolée au milieu de ses alarmes par le triomphe de plusieurs de ses membres. Tout le monde sentait que de rudes combats se préparaient, que ce n'était qu'un commencement, et qu'il fallait se tenir prêt à soutenir des luttes acharnées. Aussi les chers confrères de Nangazaki redoublaient-ils de zèle et de ferveur et s'unissaient-ils du fond de leur âme au sanglant sacrifice dont ils étaient les spectateurs émus et glorieux.

On trancha d'abord la tête aux douze confrères du saint Rosaire (2). Les deux religieux et Joachim restèrent pendant deux heures exposés aux flammes ; quand le feu remplissait trop vite sa mission, les bourreaux retiraient le bois avec de grandes fourches ; il s'agissait de savoir jusqu'où pourrait aller le courage des patients. En ce

(1) Les P. Vasquez, Collado et Castellet.
(2) L'un d'entre eux, Michel Diaz, appartenait au Tiers-Ordre, selon quelques auteurs. Voici les noms des autres Bienheureux : Léon Suqueyemon, Jean Foyamon, Marc Xineyemon, Thomas Coyanaqui, Antoine Jamanda, Jacques Deuxi, Laurent Rokoyemon, Paul Sanquiki, Jean Jago, Barthélemy Monfloye et Jean Nangata.

moment solennel Pierre de Zuniga invoquait saint Augustin. Louis Florès l'entendit, et s'empressa de lui répondre.

— « Le voilà, il est avec nous! »

Tout le monde admira le courage et la fermeté de ces trois martyrs ; bien que légèrement attachés à leurs poteaux, il y restèrent immobiles jusqu'à la mort : Louis Florès tomba le premier, Joachim le second, Pierre de Zuniga le troisième. Les bourreaux entassèrent tous les corps l'un sur l'autre, et après quatre jours d'attente, on permit aux chrétiens de les enlever. C'était de la part de Gonroco une attention vraiment délicate dans les circonstances présentes. Le corps du B. Louis Florès fut dans la suite transporté à Macao (1).

____

(1) On vient d'élever dans l'église de N. D. de la Salette, une chaire monumentale, offerte par les catholiques belges. L'abat voix est couronné de sept statuettes qui représentent chacune une province de la Belgique. Notre bienheureux Louis Florès s'y trouve au nom de la province d'Anvers.

VIII

Le grand martyre. Le B. François Moralès, et ses compagnons: vingt-deux confesseurs de Jésus-Christ, brûlés vifs et trente autres décapités. 1622, 10 septembre.

Il restait encore à Gonroco une partie des ordres de son souverain à exécuter. Son zèle était assez connu pour qu'on ne doutât pas de l'empressement qu'il allait mettre à obéir en cette circonstance. Il fit donc venir d'Omura vingt-quatre prisonniers, et désigna trente-une autres victimes à prendre à Nangazaki. Pour l'exécution, il s'en remit à la fidélité bien connue de son adjudant, Xuchendaju, homme d'une inflexible et indomptable cruauté.

Nous avons déjà parlé des prisons d'Omura; nous connaissons la triste situation des pauvres captifs dans cet affreux réduit: il nous reste à dire la durée de la détention de chacun d'entre eux. Le Père Thomas du St-Esprit, le frère Mance de St-Thomas et Paul Nangaxi, compagnon du B. Navarrete, y étaient depuis cinq ans ; le Père Ange Orsucci et le frère Thomas du Rosaire depuis quatre ans ; les Pères François Moralès et Alphonse de Mena depuis trois ans et demi ; le Père Hyacinthe Orfanel depuis seize mois et le Père Joseph de St-Hyacinthe depuis un an. Il y avait encore dans cette prison d'autres membres de la famille dominicaine appartenant soit au Tiers-Ordre, soit au saint Rosaire, et plusieurs religieux des autres Ordres : pour la plupart ils y gémissaient depuis assez longtemps.

Mais avant d'aller plus loin, indiquons en passant quelques particularités de la vie des principaux chefs de cette phalange glorieuse.

Le B. François Moralès doit être placé au premier rang. Il le mérite à tous égards, soit par la sainteté de sa vie, soit par la durée de son apostolat au Japon, soit enfin pour les charges qu'il eut à y remplir et par toutes les qualités éminentes qui le signalèrent jusqu'à sa mort. François Moralès naquit à Madrid, d'une famille très honorable, le 14 octobre 1567, et entra jeune encore au couvent des Frères-Prêcheurs de St-Paul de Valadolid. Michel de Benavides, l'un des premiers fondateurs de la province du saint Rosaire des Philippines, qui devint plus tard évêque de la Nouvelle-Ségovie, et archevêque de Manille, fut appelé en Espagne, vers cette époque, pour les intérêts de son Ordre et pour chercher des ouvriers évangéliques. Le récit des périls et des conquêtes de ses missions lointaines détermina le Père François Moralès à suivre le saint religieux à son retour; ils partirent ensemble de Cadix avec plusieurs autres, en 1598. Arrivé aux Philippines, le B. François Moralès fut successivement employé à l'enseignement et à la prédication, ce qu'il fit avec un égal succès et avec une modestie exemplaire. Il fut presque aussitôt son arrivée élu prieur par les Pères du couvent de Manille, qui espéraient le garder encore longtemps auprès d'eux. Mais Dieu appelait son serviteur au rude et pénible ministère de la conquête du Japon. Sans cesse il soupirait après cette mission : *« Au Japon ! s'écriait-il, au Japon ! « ô mes frères, la belle chose que le Japon ! »*

Cette grâce lui fut enfin accordée; il fit partie de la première expédition de nos Pères, en qualité de vicaire-provincial, en 1602. Il est difficile de se faire une idée des souffrances endurées pendant vingt ans par cet infatigable missionnaire. On peut dire, sans crainte d'exagérer, qu'il a été le fondateur de toutes les œuvres dominicaines de cette mission, et qu'il en est resté comme l'âme et la vie jusqu'à sa mort. En effet, soit qu'il fut en charge, soit qu'il redevint simple religieux, les Pères de l'Ordre aimaient à prendre ses conseils, et rien ne se fit jamais en dehors de sa direction prudente et éclairée.

Nous avons vu comment François Moratès fut fait prisonnier dans la maison d'André Tocuan. C'était le 15 mars 1619. Il eut donc sa bonne part des tourments et des misères de la prison d'Omura. Mais pour cet homme de Dieu, il n'y avait jamais dans la souffrance que des joies et des consolations, et si ce n'eût été les âmes de ses chers japonais, il n'eut rien désiré de plus. Voici comment il s'exprime dans une de ses lettres (1).

« La nécessité des chrétiens du Japon
« me perce le cœur, mais puisque Notre-
« Seigneur m'a conduit dans cette prison

---

(1) Il reste encore cinquante lettres du B. François Moralès; toutes respirent le zèle, la sainteté et la bonté de son cœur.

« par des voies si extraordinaires, je l'en
« remercie. La bonté de Dieu me paraît si
« grande en cette circonstance, qu'une vie,
« quelque longue qu'elle soit, me semble-
« rait courte pour le reconnaître. Je ne
« lui demande plus qu'une chose, c'est
« qu'il ne permette pas que je sorte d'ici,
« si ce n'est pour donner ma vie et pour
« répandre mon sang pour la défense de
« son saint Nom. Néanmoins que sa vo-
« lonté soit faite ! je ne changerais pas
« cette prison qui me semble un paradis
« pour les plus grands palais du monde.
« Dès le jour de mon arrivée, je l'ai prise
« pour mon épouse et depuis je l'ai aimée
« comme si réellement je lui eusse dédié
« mes plus chères affections. Pour moi
« elle est toute belle et infiniment aimable.»

Tels étaient les sentiments de celui qui
fut appelé à juste titre la colonne de l'É-
vangile et la lumière de l'Église au Japon.

Sur la même ligne que le B. François
Moralès, nous distinguons le B. Alphonse
de Mena. Ces deux religieux arrivèrent
ensemble au Japon. Tout ce que nous avons
dit de l'un peut s'appliquer à l'autre : travaux continuels, zèle ardent pour le salut
des âmes, patience dans les privations et

les souffrances d'une prison d'égale durée. Ils furent faits prisonniers presque en même temps. François Moralès le 15, et Alphonse de Mena le 14 mars 1619. Ce dernier tomba bientôt malade. Aux douleurs physiques vinrent se joindre les douleurs de l'âme. C'était une mélancolie profonde ; rien jusqu'alors n'avait pu l'en distraire, sinon les occupations et les fatigues de l'apostolat. Dieu y pourvut d'une autre manière en cette circonstance : la compagnie du Père Moralès et aussi l'espérance du martyre finirent par le guérir complètement. Malgré ses aridités et ses sécheresses, Alphonse de Mena avait conservé un grand attrait pour la vie intérieure et une continuelle présence de Dieu au milieu de ses occupations les plus variées et les plus distrayantes. Il assista à toutes les luttes du Japon pendant vingt ans et vit arriver avec bonheur le jour de son glorieux triomphe. Durant sa captivité, il datait ainsi ses lettres : « De ma bienheureuse prison, « qui est mon paradis. » Le B. Alphonse Mena était né à Logrono, dans la vieille Castille, le 3 février 1568, et avait pris l'habit de St-Dominique au couvent de St-Etienne de Salamanque. Il arriva aux Phi-

lippines en 1596, et il travaillait à l'évangélisation des Chinois qui viennent au port
de Manille, quand ses supérieurs l'envoyè-
rent au Japon.

Venait ensuite Hyacinthe Orfanel, un des
plus anciens religieux de l'Ordre au Japon,
après ceux que nous venons de nommer. Il
était arrivé dans la mission au mois de juin
1607, âgé seulement de 28 ans. C'était une
excellente recrue, et Dieu l'appelait à rendre
de très grands services surtout dans les
jours difficiles de la persécution. Il parcou-
rait alors les chrétientés les plus éloignées,
et s'exposait aux plus grands périls pour
affermir les âmes dans la foi. Un apôtre si
intrépide ne pouvait pas toujours échapper
aux investigations habiles et minutieuses
du gouverneur de Nangazaki. Il fut fait
prisonnier le 26 avril 1621.

Comme on le conduisait dans les prisons
d'Omura, un malheureux apostat lui dit:
« Que je vous plains! mon pauvre ami,
« vous allez horriblement souffrir dans
« cette prison. »

— « Que dites-vous donc? répondit le
« généreux confesseur, vous ne connaissez
« pas le prix de mon sacrifice: c'est à pré-
« sent que je commence à souffrir pour
« Jésus-Christ. »

Le B. Hyacinthe Orfanel était né à Iana, dans le royaume d'Aragon, diocèse de Tortosa, le 8 novembre 1578. Il prit l'habit de l'Ordre au couvent de Sainte-Catherine de Barcelone et partit pour les Philippines en 1604. Comme on le voit, Hyacinthe Orfanel était de ceux qui commencent de bonne heure à faire de grandes choses et qui persévèrent jusqu'à la fin (1).

Avec Hyacinthe Orfanel était arrivé au Japon, en 1607, un religieux non moins illustre, Joseph de St-Hyacinthe. Ce dernier eut aussi le bonheur d'échapper longtemps aux recherches des persécuteurs et d'évangéliser, avec un grand fruit pour les âmes, la plupart des provinces du Japon. Il avait succédé à François Moralès dans la charge de vicaire-provincial; il fut pris dans la nuit du 17 août 1621, et conduit le surlendemain dans les prisons d'Omura. Ce saint religieux exprimait ainsi les sentiment pieux qui surabondaient dans son cœur.

« L'aspect de cette prison a quelque « chose qui soulève et révolte, écrivait-il;

(1) Nous avons d'Hyacinthe Orfanel, une *Histoire des succès du christianisme au Japon*, continuee par Didace Collado.

« cependant je ne la changerais pas pour
« les plus superbes palais des princes de
« la terre ; je ne donnerais pas non plus
« les menottes, les cordes et les chaînes
« dont je suis chargé pour toutes les pierres
« précieuses ou pour des chaînes d'or en-
« richies de saphirs, de rubis ou de dia-
« mants. J'aime cent et cent fois plus la
« faim que je souffre, le mépris que j'en-
« dure, et les incommodités de ce cachot
« que les tables les mieux garnies des rois,
« les compliments les plus flatteurs, ou
« toutes les délices de la terre. J'ai choisi
« cette prison pour mon paradis en cette
« vie et je prie la sainte Mère de Dieu et
« tous les saints d'en rendre grâces pour
« moi à la divine bonté. » — Joseph de
St-Hyacinthe naquit à Villarejo de Sal-
vanès, dans la Manche, au diocèse de To-
lède. Il était fils du couvent de St-Dominique d'Ocaña.

Le cinquième religieux de l'Ordre de St-
Dominique dont nous avons à parler n'était
pas le moins illustre : il s'appelait Ange
Orsucci, et était originaire de Lucques, en
Toscane. Il n'avait pas encore quatorze
ans quand il prit l'habit de l'Ordre de St-
Dominique au couvent de St-Romain de

Lucques ; sa profession eut lieu deux ans et demi après le 18 juin 1589. On l'envoya successivement pour ses études au couvent de la Quercia à Viterbe, au couvent de St-Dominique de Pérouse, et enfin au collége de St-Thomas en notre couvent de la Minerve à Rome. Son désir ardent de partir pour les missions chez les infidèles le conduisit à Valence, en Espagne, et de là aux Philippines, où il arriva en 1602. Selon la coutume reçue en Espagne, on lui fit changer son nom d'Orsucci, contre celui de Ferrer ou Ferrier en mémoire de saint Vincent Ferrier, qu'il avait appris à vénérer au couvent de Valence.

Le B. Ange était ange de nom et de mœurs, comme disent ses historiens. Sa vie aux Philippines étonna les plus courageux : rien ne pouvait arrêter son intrépidité dans l'évangélisation des peuples les plus barbares de la Nouvelle-Ségovie et de Pangasinan, mais cela ne suffisait pas à son zèle. Les choses admirables qu'il entendait raconter du Japon lui inspiraient depuis longtemps un grand attrait pour cette mission. Dieu se plaît souvent à contrarier nos meilleurs desseins : c'est ainsi qu'il nous prépare par le renoncement et par un complet dépouillement de nous-même aux grandes choses que sa divine miséricorde nous réserve. Au moment où Ange Orsucci croyait ses projets sur le point de se réaliser, il fallut interrompre son apostolat aux Philippines et ajourner son départ pour le Japon; on venait de le charger de la direction du couvent de St-Hyacinthe, de Mexico.

Trois ans plus tard, à son retour aux Philippines, il songea de nouveau à partir pour son cher Japon, mais il avait alors plus de quarante-quatre ans et il crut téméraire d'entreprendre un ministère si difficile sans consulter des hommes prudents et animés de l'esprit de Dieu. On lui répondit que, malgré son âge, il pouvait aller à coup sûr, et qu'il serait très-utile à la cause de Dieu. Il partit donc en 1618, et quatre mois après son arrivée, il était fait prisonnier dans la maison du B. Cosme Taquea, de Corée, confrère du saint Rosaire, dont nous avons déjà parlé.

Les sentiments du B. Ange dans sa prison d'Omura n'étaient pas moins sublimes que ceux de ses compagnons de captivité.

« Bonnes nouvelles! s'écriait-il, dans « une de ses lettres. Bonnes nouvelles! Tout

« va bien. Je suis en prison pour Jésus mon
« amour, et j'espère donner ma vie pour
« lui. Hélas! qu'ai-je fait pour mériter un
« si grand honneur? Je me confonds de-
« vant Dieu à la vue d'un pareil bienfait
« accordé à un indigne. Que voulez-vous?
« Dieu agit selon qu'il est bon en lui-même,
« et non selon ma malice.

« J'espère que le bon Maître achèvera
« son œuvre. Je ne pourrai jamais assez
« reconnaître les obligations dont je lui
« suis redevable, quand ce ne serait que
« d'avoir été prisonnier pour son amour.
« Nous ne craignons ici qu'une chose,
« c'est d'être renvoyés à Manille et privés
« ainsi de nos espérances. Patience! Nous
« ne voulons que sa sainte volonté: il est
« bien vrai que nous ne méritons pas de
« souffrir pour son saint Nom. »

Tels étaient les hommes qui figuraient
au premier rang dans les prisons d'Omura,
sans compter plusieurs autres, également
distingués par leurs vertus.

Comme nous l'avons dit, les persécuteurs avaient résolu de frapper un grand
coup, ils avaient tout disposé dans ce but à
Nangazaki comme à Omura. Les captifs eux-
mêmes s'attendaient à un dénouement pro-

chain : Gonroco pouvait donc donner ses ordres, les victimes du *Grand Martyre* étaient prêtes.

« Les prisonniers d'Omura, dit le Père de Charlevoix, furent embarqués sur un petit bâtiment qui les porta en peu d'heures à Nangayé, où on les fit monter à cheval. Un officier marchait devant eux avec des gardes bien armés ; les confesseurs, escortés d'une troupe de soldats, suivaient la corde au cou, ayant chacun son bourreau, qui tenait le bout de la corde. On ne permettait à personne de les approcher. La nuit les surprit dans un lieu nommé Voracam et l'on fut obligé de s'y arrêter. Le lendemain, on les fit remonter à cheval de grand matin ; ils commencèrent alors à trouver les chemins bordés d'une multitude de chrétiens qui se jetaient à genoux pour recevoir leur bénédiction. On ne laissa point entrer les prisonniers d'Omura dans Nangazaki, mais on les fit attendre sur la colline, jusqu'à ce que ceux de la ville fussent venus. De bons corps de garde furent posés de distance en distance pour contenir la multitude, car on prétend qu'il s'y trouva au moins trente mille chrétiens, sans compter les idolâtres. D'autres disent qu'il y avait bien en tout soixante mille personnes (1). »

Le lieu du supplice était admirablement choisi. Cette colline des martyrs, déjà si souvent ensanglantée, s'offrait aux regards des spectateurs comme le centre d'un vaste amphithéâtre : d'un côté la montagne, qui s'élève par degrés sur un plan très-incliné, de l'autre la mer, qui s'ouvre de trois côtés à la fois, et qui laisse la colline seule, isolée, en relief, ce qui permet aux barques de contempler à distance toute la scène qui va se passer. On avait planté sur la colline, de la mer à la montagne, vingt-cinq grands poteaux. A leur arrivée, les confesseurs d'Omura purent contempler cette glorieuse arène, où ils allaient offrir le sacrifice de leur vie pour l'amour de Jésus-Christ.

Après une heure d'attente, on vit arriver les prisonniers de Nangazaki. Ils formaient une procession avançant en bon ordre. Marie de Fingo, que plusieurs disent avoir appartenu au Tiers-Ordre de St-Domini-que, marchait en tête, portant le saint éten-dard de la croix ; les femmes suivaient avec leurs enfants. Marie de Fingo, toute rem-

(1) Histoire du Japon, t. VI, page 101.

3

plie d'une sainte joie, entonna un cantique spirituel ; ses compagnes répondirent avec tel enthousiasme, que toute la foule fut attendrie et ravie d'admiration.

On voyait dans les rangs de cette troupe glorieuse l'élite de la société japonaise, l'illustre Marie Tocuan, femme du B. martyr André Tocuan. Cette sainte veuve attirait tous les regards ; elle appartenait aussi au Tiers-Ordre et s'était dévouée au service des missionnaires, malgré l'extrême pauvreté où l'avait réduite sa fidélité à la foi chrétienne(1). Marie Tocuan n'avait que

(1) Nous renvoyons pour cette Bienheureuse martyre, ainsi que pour Agnès de Corée, nommée plus bas à la note page 10, où nous expliquons nos motifs de les croire membres du Tiers-Ordre. Au reste, voici une lettre qui l'indique à n'en pas douter, en ce qui concerne Marie Tocuan.

« Mon Père, tout soit pour l'amour de Dieu !

« J'ai reçu, le printemps dernier, la lettre de votre Révérence : elle m'a bien consolée. Je vous remercie très-affectueusement des cinquante peaux de cerfs et de la grande caisse de sucre : tout cela me servira à faire un peu d'argent pour vivre. Ce souvenir m'est d'autant plus cher que je ne vous suis pas connue personnellement. Je ne vous entretiendrai pas des souffrances de nos Pères, de ceux de Saint-François et de la Compagnie de Jésus qui sont dans la prison d'Omura et des autres qui nous assistent en cachette : vous savez tous ces détails. Mais je vous supplie de nous envoyer des religieux de notre Ordre, parce qu'il en reste peu et qu'il faudra remplacer ceux que la persécution nous enlève.

« Je remercie Dieu tous les jours de l'honneur qu'il m'a fait de donner à mon époux la couronne du mar-

33 ans, mais ses infirmités l'empêchaient de marcher : elle se fit porter au martyre, vêtue de son habit blanc. Les juges, comptant sur son désir du martyre, la laissèrent libre jusqu'au moment de la conduire au supplice. « Je sais le lieu du supplice, « avait dit l'héroïne chrétienne à ses juges, « je saurai m'y rendre pour mourir avec « les autres. Ne m'envoyez pas d'escorte, « j'irai toute seule. »

Venaient ensuite Agnès, de Corée, veuve du B. Taquea, également du Tiers-Ordre ; Catherine de Fingo, prieure de la confrérie du saint Rosaire et de celle du Très-Saint Nom de Jésus ; une autre Marie, avec ses deux enfants, Jean, âgé de 12 ans, et Pierre, âgé de 3 ans ; Thècle, femme de Paul Nangaxi, avec son fils Pierre, âgé

tyre. Si je n'étais pas si misérable, j'ambitionnerais la même faveur ; mais j'en perds l'espérance. Dieu vient de m'enlever mon petit Paul en punition de mes péchés, il ne me reste plus qu'à pleurer dans l'amertume de mon âme. Ma seule consolation est de penser que le Père François Moralès, mon confesseur, est encore en vie et qu'il prie pour moi dans sa prison. Vous prierez aussi pour cette grande pécheresse : nul n'en a un plus grand besoin... Le Père Joseph de Saint-Hyacinthe, notre supérieur, m'a fait depuis quelques jours une grande grâce : il m'a reçue sœur du Tiers-Ordre. Envoyez-nous des religieux, je serai trop heureuse de les servir de mon mieux. Je me recommande à vos prières, etc. »

de 7 ans; Isabelle Fernandez, veuve du B. Dominique Georges, avec son petit Ignace, âgé de 4 ans; Madeleine, Apolline, Claire et encore deux Marie fermaient la marche de ce pieux cortège.

Les hommes s'avançaient à leur tour: c'étaient Rufus Iximola, prieur de la confrérie du saint Rosaire; Dominique Nacano, Damien Iamiki, avec son fils Michel, âgé de 5 ans; Clément Vom, avec son fils Antoine, âgé de 2 ans; Barthélemy Xikiyemon, Dominique Xamada, Dominique Ongata, Paul Tanaca, Antoine Sanga, Antoine de Corée, et Thomas Xikiro, tous de la confrérie du saint Rosaire. Il y avait aussi dans la troupe des martyrs qui venaient de Nangazaki, deux tertiaires de St-François, Léon de Zatzuma, et Lucie de Fleites, âgée de 80 ans.

Tout était prêt pour le sacrifice; Xuchendaju, grand officier de Gonroco, parut sur une tribune couverte de beaux tapis de la Chine: c'était l'heure solennelle des adieux, des pieuses et émouvantes recommandations. Les vingt-cinq confesseurs désignés pour le supplice du feu s'approchèrent des vingt-cinq poteaux, qu'ils embrassèrent avec amour.

A ce moment, François Moralès aperçut Marie Tocuan, sa fille spirituelle, prosternée devant lui, et implorant une dernière fois sa bénédiction. Le B. Père lui demanda où était son petit Paul.

— « Il est, répondit l'héroïque chrétienne, « où nous serons bientôt, vous et moi. Dieu « me l'a enlevé pour le mettre en son pa- « radis. »

Charles Spinola, de la compagnie de Jésus, fit la même question à Isabelle Fernandez :

— « Qu'avez-vous fait de mon petit Ignace ? »

— « Le voici, répondit la mère, le pre- « nant entre ses bras : je n'ai eu garde de « le priver du seul bonheur que je suis « en état de lui procurer. »

On ne sait ici ce qu'il faut le plus admirer, ou de la tendre sollicitude des Pères spirituels, qui bénissent et encouragent du haut de leurs bûchers, ou de la force de ces mères vraiment chrétiennes qui brisent tous les liens de la nature en vue du ciel.

Cependant il fallait en finir ; l'exécution commença par les trente martyrs qui devaient être décapités. Ils furent inébranla-

bles dans la foi, et, jusqu'aux plus petits enfants, tous montrèrent un si grand calme,
une si grande joie qu'on aurait cru assister
à une fête.

On vit alors une scène bien émouvante.
Deux religieux japonais de l'Ordre de St-
Dominique, Thomas du Rosaire et Dominique du Rosaire, avaient été désignés pour
le supplice du feu. Les bourreaux n'avaient
préparé que vingt-cinq poteaux, et il y
avait vingt-sept condamnés à être brûlés
vifs. Cela ne faisait pas le compte de nos
deux fervents religieux ; ils réclamèrent
avec une grande énergie et voulurent à toute
force être consumés à petit feu comme
leurs frères en St-Dominique. Ils affir-
maient que c'était leur droit, que tout religieux devait subir cette peine ; que s'il
n'y avait pas assez de poteaux, il s'offrait
un moyen bien simple de lever la diffi-
culté, qu'on pouvait en lier deux ensemble
au même poteau, comme la chose s'était
faite déjà en d'autres circonstances ; qu'il n'y
avait pas lieu d'objecter qu'ils étaient Japonais, puisque d'autres Japonais étaient condamnés à cette peine. Enfin ces deux généreux athlètes de Jésus-Christ ne voulaient
céder à personne la gloire de souffrir da-

vantage pour son divin amour. Mais ils ne purent vaincre l'inflexibilité des bourreaux qui savaient à propos montrer une humanité cruelle : ils eurent la tête tranchée d'un seul coup de glaive.

Quand cette première exécution fut terminée, on exposa sur une planche les têtes des trente martyrs décapités, en vue de ceux qui allaient être brûlés, puis on commença de mettre le feu aux bûchers. Les condamnés étaient à peine liés et pouvaient au moindre mouvement se détacher et s'enfuir. Le bois était disposé à une certaine distance des poteaux ; dans l'intention des persécuteurs, le feu ne devait consumer que lentement ses victimes ; s'il s'approchait trop vite, les bourreaux avaient ordre de l'arrêter avec des fourches et de le calmer un peu. Il y avait là toute une stratégie habile pour augmenter les souffrances et ménager les apostasies.

Voici, d'après une peinture japonaise, l'ordre dans lequel étaient rangées les victimes. Aux premiers poteaux, vers la mer, Antoine Sanga, Paul Nangaxi, Antoine de Corée, tous confrères du Rosaire ; Lucie de Fleites, du Tiers-Ordre de St-François ; Charles Spinola, de la compagnie de Jésus; venaient ensuite trois Pères dominicains, Ange Orsucci, Joseph de St-Hyacinthe et Hyacinthe Orfanel; Sébastien Kimura, Jésuite japonais; Richard de Saint-Anne, franciscain; Alphonse de Mena, dominicain; Pierre d'Avila, franciscain; Vincent de St-Joseph, franciscain; François Moralès, dominicain; Léon de Satzuma, du Tiers-Ordre de St-François; cinq Japonais, scolastiques de la compagnie de Jésus; Antoine Kiuni, Gonsalve Fusai, Thomas Acofoxi, Pierre Sampô, Michel Xumpô; après ce dernier, trois Japonais qui se sauvèrent du feu; enfin, Louis Cavava, japonais, scolastique jésuite et Alexis Xambaxi ou Zambura, dominicain japonais. Par un étrange retour de la justice japonaise, tous les religieux avaient obtenu de mourir avec l'habit de leur Ordre.

Le supplice du feu commença donc. Au milieu de la fumée et des flammes, dans l'intensité des plus atroces douleurs, trois jeunes Japonais eurent un instant de faiblesse et s'enfuirent. Paul Nangaxi, le courageux enfant de St-Dominique et du Rosaire, les ayant vus se détacher, les suivit, courut après eux, les exhortant à accep-

t r les tourments passagers de cette vie, en
vue des éternelles récompenses. « Que
« faites-vous, s'écriait le courageux mar-
« tyr ; la souffrance passera bientôt et dans
« quelques instants vous serez au nombre
« des Bienheureux. Un peu de courage,
« implorez le secours de Dieu, et venez
« mourir avec nous pour l'amour de notre
« Sauveur. »

On ne sait pas au juste ce qu'il ad-
vint de ces trois malheureux, les uns disent qu'ils apostasièrent, et qu'ils furent
néanmoins rejetés dans les flammes ; d'autres affirment qu'ils ne voulurent jamais consentir à apostasier, qu'ils deman-
daient seulement un coup de sabre, et, que,
ne pouvant l'obtenir, ils retournèrent dans
les flammes, où ils expirèrent quelque
temps après. Quoi qu'il en soit, ils ne comp-
tent pas au nombre des martyrs. Paul
Naugaxi avait rempli sa mission de charité,
il s'en retourna au travers du feu jusqu'à
son poteau, et l'embrassant de nouveau
avec mille caresses, il y mourut sainte-
ment.

Tous les martyrs montrèrent une fermeté
vraiment héroïque. On vit François Moralès
se promener tranquillement au milieu des

flammes et s'en approcher comme pour les défier au combat. Ange Orsucci chantait le *Te Deum*; on l'aperçut, glorieux, resplendissant, élevé de deux coudées au dessus des flammes. Joseph de St-Hyacinthe avait transformé son poteau en chaire à prêcher, où sa voix puissante et forte exhortait encore les fidèles à la vertu et à la persévérance dans la foi chrétienne; il leur recommandait par dessus tout la dévotion au saint Rosaire. On peut facilement s'imaginer combien les derniers avis d'un martyr devaient être précieux aux confrères du Rosaire si nombreux et si fervents à Nangazaki et dans les environs.

Il se passa dans cette circonstance une scène remarquable. Après avoir prêché du milieu des flammes qui l'entouraient, Joseph de St-Hyacinthe eut soif et demanda à boire. Il y avait dans cette souffrance et dans cette demande un trait de ressemblance de plus avec son divin Maître. Les soldats se moquèrent de lui, mais une bonne femme lui apporta une cruche d'eau. La joie qu'il avait d'aller au Paradis lui fit faire alors une cérémonie japonaise très-curieuse; il leva sa tasse en haut en saluant toute l'assistance. Ce calme vraiment héroïque et cette dernière marque de déférence aux usages du pays consola beaucoup les chrétiens.

Au milieu de l'incendie, on essaya de gagner notre frère Alexis Xambaxi par des promesses captieuses ; le bienheureux martyr répondit d'une voix ferme et élevée qu' *« il n'avait pas d'autre désir que de mou- « rir pour Dieu et pour sa loi. »*

Il serait trop long de raconter les nombreux traits d'héroïsme de ce drame sanglant. Tous ces généreux confesseurs étaient dans les transports d'une joie vraiment divine et criaient à l'envi, et avec des accents déjà tout célestes : *Vive Jésus ! Vive Marie !*

Cependant, il fallait bien que le concert des martyrs eût une fin. Ils allèrent bientôt terminer leurs chants d'allégresse dans le ciel : on les vit successivement s'affaisser sur eux-mêmes les uns au bout d'une heure, d'autres après deux heures et même trois heures d'affreux tourments. Hyacinthe Orfanel souffrit plus que tous les autres ; le bois qui l'entourait était vert et parvint difficilement à s'allumer ; la pluie tomba pendant la nuit et prolongea son supplice. Au point du jour, il invoquait encore les noms de Jésus et de Marie. Son supplice avait duré seize heures.

« Les martyrs ne donnant plus aucun signe de vie, dit le P. de Charlevoix, on mit des gardes à toutes les avenues de la sainte montagne, et les corps y restèrent exposés (trois jours) pour inspirer de la terreur aux fidèles ; mais une telle vue était bien plus propre à ranimer leur ferveur. Un grand nombre restèrent tout ce temps aux environs, dans l'espoir de pouvoir enlever quelques-unes de ces saintes reliques, mais ils furent trompés dans leur attente...... Enfin, on alluma un grand bûcher, et on y jeta tous les corps ; on remplit ensuite des sacs de toutes les cendres et de la terre qui avait été arrosée du sang des martyrs, et on alla les vider en pleine mer. »

Toutes ces précautions n'avaient pas empêché Dieu de manifester la gloire des martyrs. Dans les procès-verbaux de Marnille, un témoin a déposé qu'il avait vu de ses propres yeux, le soir même de l'exécution, à huit et neuf heures, une lumière briller dans l'air sur le lieu même du martyre ; qu'il est resté avec son compagnon plus de deux heures à contempler cette lumière ;

que la même chose arriva la nuit suivante. Le témoin ajoute que les chrétiens de Nangazaki sont venus en foule admirer ce prodige ; les gardiens eux-mêmes, malgré la défense de Gonroco, gouverneur de Nangazaki, ont certifié ce fait et ils ont affirmé les avoir vus marcher tous en procession, chantant des hymnes sacrés et tenant un flambeau à la main. La chose devint notoire à Nangazaki, à la grande édification des chrétiens et à la grande confusion des persécuteurs.

Le 10 septembre 1622 restera donc un jour mémorable pour l'Église du Japon. Cinquante-deux illustres martyrs étaient tombés dans l'arène. On ne vit jamais, même au Japon, cette patrie du courage et de l'héroïsme chrétien, ni plus de fermeté, ni plus de ferveur dans l'acceptation des souffrances. C'est donc avec raison que les historiens ont appelé ce triomphe du nom de *Grand Martyre*. L'Ordre de St-Dominique et la confrérie du saint Rosaire y eurent une large part. Nous aimons à y voir une de nos gloires les plus pures.

Sainte Thérèse ne s'était point trompée quand elle avait lu sur un grand livre, dans une de ses visions, ces paroles qu'un saint de l'Ordre de St-Dominique lui montrait. « *Dans les temps à venir* « *cet Ordre sera florissant et aura beau-* « *coup de martyrs.* »

IX

**Martyre du B. Gaspard Cotenda, et de deux enfants.
1622, 11 septembre.**

La sainte montagne de Nangazaki était
encore toute fumante de l'holocauste du 10
septembre, quand trois nouveaux martyrs
y furent décapités. C'était d'abord Gaspard
Cotenda, catéchiste des Pères de St-Dominique, que plusieurs témoins assurent
avoir appartenu au Tiers-Ordre. Ce courageux Japonais avait confessé la foi
dans les tourments avec une fermeté inébranlable. Il sentit son courage augmenter
en vue des précieux restes des cinquante-
deux martyrs de la veille et présenta sa
tête au bourreau avec le sourire sur les lè-
vres, sans balancer un instant dans son généreux sacrifice. Les deux autres martyrs
étaient deux enfants, François fils du B.
Cosme Taquea, coréen, et Pierre fils du B.
Barthélemy Xikiyemon, décapité la veille.
François avait douze ans, Pierre n'en avait

que sept. A en juger par ce qui se pratiquait au Japon dans les familles chrétiennes, ces deux enfants devaient appartenir au saint Rosaire.

Le petit Pierre avait des droits plus particuliers au martyre. Il était venu la veille avec son père; mais les bourreaux, dans leur préoccupation, ne le virent pas dans la foule et l'oublièrent. Gonroco n'était pas homme à épargner un enfant de sept ans. On poursuivit l'enfant, on le menaça de le tuer s'il persistait à rester chrétien, on voulait aussi savoir comment il était parvenu à s'échapper. « Voyant que personne ne voulait me « tuer, répondit ingénieusement l'enfant, je « suis retourné à pied à la maison.» Quant à l'apostasie, il n'en fallut plus parler. Pierre était digne d'aller rejoindre son père dans l'arène des martyrs.

Les bourreaux eurent un instant de pitié pour ces deux innocentes victimes. On leur proposa de les conduire un peu plus loin pour leur épargner la vue du sang et des cadavres qui couvraient le sol de la colline; mais les enfants ne voulurent point y consentir. Les corps de ces trois martyrs furent joints aux cinquante-deux autres, réduits en cendres et jetés à la mer.

X

Martyre du B. Thomas Zumarraga, surnommé du St-Esprit et de ses compagnons. 1622, 12 septembre.

Le surlendemain du *Grand Martyre*, il y eut à Omura un nouveau triomphe. Gonroco s'était empressé d'envoyer dans cette ville un de ses lieutenants, avec ordre d'exécuter sans délai les confesseurs de la foi restés dans la prison. Ceux-ci attendaient avec impatience cette bonne nouvelle; car ce n'avait pas été sans une grande tristesse et sans des larmes amères qu'ils avaient vu partir leurs compagnons de captivité.

Le Père Thomas du St-Esprit surtout avait eu besoin de toute sa conformité à la volonté de Dieu pour accepter cette pénible et cruelle déception. Comme le Père François Moralès, il s'était dévoué depuis vingt ans à la mission du Japon, et depuis cinq ans il gémissait dans les chaînes; il avait toujours désiré le martyre avec une ardeur et une humilité qui semblaient lui promettre un plus heureux succès.

Voici comment il exprimait les pieux sentiments de son âme durant les longs jours de sa réclusion:

— « On ne saurait croire quel est notre « épuisement et tout ce que nous avons à « souffrir; mais nous acceptons tout avec « joie et avec bonheur. Nous désirons plus « ardemment la croix et les supplices que « les ambitieux ne désirent les plus hautes « dignités. Ah! mes bien chers Pères, qui « pourra reconnaître toutes les grâces que « Notre-Seigneur Jésus-Christ nous fait!... « Quand je pense que peut-être nous sor- « tirons d'ici pour aller au martyre, je tres- « saille de joie et ne peux contenir les doux « élans de mon cœur; mais aussi je trem- « ble. Notre divin Maître, pour de justes « raisons, peut ne pas me faire cette grâce « que j'espère cependant de sa Bonté et de « sa Miséricorde. »

On comprend facilement la peine profonde et la tristesse extrême de ce saint religieux quand il fallut se séparer de ses frères.

« O mon Dieu, s'écriait-il, comment per- « mettez-vous que je sois exclu du nombre « de vos élus? N'ai-je pas été amené ici

« le premier ? Ah ! je comprends que c'est
« la peine de mes péchés ! » Se jetant ensuite
au cou du frère Mance de St-Thomas, jeune
religieux de l'Ordre, qui l'avait accompagné
partout, il lui disait : « Je vous ai perdu, ô
« mon fils, en vous faisant suivre un pé-
« cheur comme moi. La punition de mes
« péchés a rejailli jusque sur vous. »

Cependant, Thomas du St-Esprit se con-
fiait toujours en la miséricorde de Dieu ;
il eut encore le temps d'écrire au Provincial de l'Ordre, à Manille :

« O mon Père, j'ai toujours craint ce qui
« m'arrive aujourd'hui, quand je voyais
« mes péchés si nombreux et mon amour
« pour Dieu si imparfait. Je n'ai jamais rien
« eu de ce qu'il faut pour faire un martyr ;
« cependant j'espère encore de l'infinie
« Bonté et du secours de vos prières. »

Tant d'humilité ne devait pas rester sans
récompense. Le 12 septembre, on vint chercher les six confesseurs de la foi retenus
dans les prisons d'Omura : c'étaient le Père
Thomas du St-Esprit, dominicain, deux
autres religieux japonais du même ordre,
Mance de St-Thomas et Dominique ; trois
religieux de St-François, le Père Apolli-
naire Franco et deux autres Japonais. Ils

devaient tous être brûlés vifs à une lieue de la ville dans un lieu appelé *Socabata*. A la nouvelle de leur condamnation, les prisonniers levèrent leurs bras au ciel pour remercier Dieu. On les vit ensuite marcher au supplice en chantant des hymnes et des psaumes, et supporter les horreurs du bûcher avec le même héroïsme que leurs frères de Naugazaki. Les bourreaux, étonnés de leur impassibilité et de leur joyeuse contenance au milieu des flammes, s'écriaient : « Non, ce n'est pas possible, ces « hommes sont de pierre ou de marbre. »

Le B. Thomas Zumarraga du St-Esprit avait quarante-cinq ans et demi. Il était de Victoria, en Biscaye ; il avait prit l'habit de l'Ordre au couvent de St-Dominique de sa ville natale, et fait profession le 19 janvier 1594, au couvent de St-Etienne de Salamanque. Ses supérieurs l'avaient envoyé pour ses études au couvent de St-Grégoire de Valladolid ; c'est de là qu'il partit pour les missions de l'Extrême-Orient. Il arriva, comme nous l'avons dit, des premiers au Japon, y remplit avec une rare prudence la charge de vicaire-provincial et fut un des plus ardents et plus infatigables apôtres de la mission.

Dans un long et pénible voyage que le B. Thomas entreprit pour obéir au B. François Moralès, il fut exposé aux dangers et aux périls de tous genres qui accompagnaient alors la navigation dans la mer de la Chine. Un jour, Notre-Dame du saint Rosaire lui vint en aide d'une manière vraiment prodigieuse. Le feu prit au navire en pleine mer, et déjà on pouvait craindre un sinistre affreux, sans aucun espoir humain d'être secouru. Plusieurs matelots, voyant que tout était perdu, se précipitèrent dans un canot et contemplaient de loin les lueurs de l'incendie. Le P. Thomas du St-Esprit, se confiant en Dieu, jeta son Rosaire au milieu des flammes, et à l'instant l'incendie fut éteint. Tout le monde admira la protection de Dieu et de Marie. On fut aussi bien touché de l'ardente charité du saint religieux ; en effet il obtint du capitaine le pardon des matelots qui avaient en cette circonstance écouté la peur plus que le devoir. On le comprend, ces actes de foi et de mansuétude apostolique n'étaient point isolés ; de tels hommes devaient opérer bien d'autres prodiges dans la conversion des âmes en faveur de leurs chers chrétiens du Japon.

XI

**Martyre du B. Louis Jaquiki et de ses compagnons.
1622. 2 octobre.**

La fête de Notre-Dame du saint Rosaire,
1622, devait aussi avoir son triomphe. On
se souvient de l'arrestation du B. Louis
Florès, qui donna lieu, comme nous venons de le voir, à une recrudescence de
persécution. Le P. Didace Collado, l'un
des plus intrépides Frères-Prêcheurs du
Japon, voulut tenter alors par un coup hardi
la délivrance du P. Florès; il chargea de
cette entreprise Louis Jaquiki, que nous
croyons avoir appartenu au Tiers-Ordre.
Ce fervent chrétien s'était toujours montré
très-dévoué au service des religieux de
St-Dominique. L'expédition était difficile et
demandait autant d'audace que d'habileté.
Louis Jaquiki n'hésita pas; il équipa une
petite barque, et accompagné du P. Collado et de quelques chrétiens de Nangazaki,
il s'en fut tranquillement chercher le P.
Florès à Firando.

Tout semblait marcher à souhait. Le P. Florès était déjà sur la barque, et l'on s'éloignait du rivage à force de rames ; on vit poindre alors à l'horizon un navire du roi de Firando ; les fugitifs n'avaient qu'un seul parti à prendre, ils abordèrent au rivage et se cachèrent dans les broussailles. Ce fut inutilement. Le P. Didace Collado seul parvint à s'échapper ; le P. Florès et ses libérateurs furent chargés de chaînes et retenus prisonniers.

Louis Jaquiki devait payer cher son intrépidité et son dévouement. Il semble qu'on ait voulu épuiser en cette circonstance toutes les inventions de l'esprit infernal. On fit passer le pauvre patient par dix-sept martyrs différents avant de le conduire au bûcher : supplice de l'eau que les Japonais savent administrer avec des raffinements inouis, supplice des tenailles, supplice du chevalet, des ongles de fer ; on lui ouvrit les épaules pour y verser du plomb fondu ; on introduisit dans ses jambes des cordes de jonc, deux bourreaux tiraient ensuite ces cordes par les deux bouts comme s'ils eussent voulu les scier ; on lui enfonça aussi en guise de sonde de petits bâtons épineux dans le corps.

Nous n'en finirions pas s'il fallait passer en revue toutes ces horribles tortures. Les supplices japonais employés jusqu'alors semblaient de douces caresses en comparaison : il y avait incontestablement progrès dans l'art de martyriser les chrétiens.

Néanmoins les bourreaux ne purent vaincre le courage de leur victime. Louis Jaquiki resta ferme et inébranlable ; jamais il ne voulut faire connaître les chrétiens qui l'avaient accompagné à Firando et il sauva par son courage la moitié des chrétiens de Nangazaki. Le gouverneur, n'espérant plus rien obtenir du confesseur de la foi, le condamna à être brûlé vif. Comme le martyr paraissait épuisé par la multitude des tourments, on voulut lui préparer une litière pour le porter à son bûcher, mais il répondit qu'il espérait que Jésus-Christ lui donnerait la force d'y aller à pied ; il le fit, en effet, au grand étonnement de tous ceux qui avaient assisté à la multitude de ses supplices. Il ne cessa pas, durant le trajet, de prêcher et d'exhorter la foule qui l'entourait ; il était facile de voir que ce généreux athlète de Jésus-Christ avait reçu de Dieu, une force et une vertu qui n'avaient rien d'humain.

Cependant Louis Jaquiki n'était point seul en ce moment solennel. Il avait sous ses yeux sa femme Lucie, et ses deux enfants, André, âgé de 8 ans, et François, âgé de 4 ans. Il nous paraît hors de doute que toute cette famille, intimement liée à l'ordre de St-Dominique, appartenait au saint Rosaire, et nous aimons à les compter parmi les gloires de la confrérie de Nangazaki.

Arrivé au lieu du supplice, le B. Louis fut attaché à son poteau. On décapita d'abord devant lui sa femme la B. Lucie et ses deux enfants. Leurs têtes ensanglantées ne firent qu'enflammer son courage : on l'entendit alors invoquer à haute voix les doux noms de Jésus et de Marie, ce qu'il ne cessa de faire qu'en cessant de vivre. Tous les chrétiens, et ils étaient nombreux à ce triomphe, se laissaient entraîner par une sainte ardeur, et s'écriaient avec les accents d'un saint enthousiasme : *Vive Jésus ! Vive Marie !* Les coups de bâton ne furent pas épargnés, mais ils ne purent imposer silence à la foule. Il est des sentiments qu'aucune force humaine ne peut maîtriser, et les manifestations de la foi surtout ont toujours eu des élans et des résistances invincibles.

3**

XII

**Martyre du B. Pierre Vasquez, surnommé de Ste-Cathe-
rine, et de ses compagnons. 1624, 25 août.**

Si la continuité de la guerre contre le
christianisme rend les persécuteurs plus
experts et plus habiles, elle donne d'un
autre côté aux pasteurs et aux fidèles une
plus grande expérience des dangers. Au
Japon, on sentit la nécessité de marcher
avec une grande prudence et une grande
circonspection ; on comprit aussi le besoin
de se multiplier pour suffire à toutes les
exigences d'une chrétienté en péril.

L'empereur Xongusama avait remis, en
1623, les rênes de l'Etat à son fils, qui lui
succéda à tous les points de vue : il voulut
porter le même nom que son père, et manifesta dès le début la même cruauté. On
n'avait ni perdu ni gagné au change ; c'é-
tait toujours un Xongusama pour tyran ;
c'était toujours Gonroco pour bourreau.

Une telle situation n'effraya point les Frères-Prêcheurs que la persécution avait épargnés. On en vit aussi plusieurs autres se préparer à les rejoindre. Déjà, en 1621, Pierre Vasquez et Dominique Castellet avaient abordé au port de Nangazaki ; tous deux venaient chercher des âmes à sauver ; tous deux espéraient le martyre. La persécution sévissait alors dans toute sa force. Ils étaient arrivés le 22 juillet, comme nous l'avons dit ; le 17 août, on faisait prisonnier le B. Joseph de St-Hyacinthe, vicaire-provincial de l'Ordre. Les Frères-Prêcheurs se voyaient ainsi privés d'un puissant secours, d'un conseiller sûr, d'un guide expérimenté. Néanmoins ils se mirent au travail avec une ardeur et souvent avec un succès prodigieux.

On disait au Père Vasquez de se modérer un peu, qu'il fallait ménager ses forces et attendre des secours de Manille : « C'est au-« jourd'hui, répondit Vasquez, que nous de-« vons montrer à tous que nous sommes les « véritables enfants de saint Dominique, « les héritiers de son esprit, et que, s'il y « a des pasteurs qui se cachent par la « crainte des loups, le chien de saint Domi-« nique aboie toujours et se montre sans « crainte. » — L'infatigable missionnaire continua donc son ministère sans vouloir jamais accepter aucun repos.

Nangazaki fut sa résidence habituelle, il y prodigua ses soins, soit aux prisonniers, qu'il ne cessait de visiter malgré tous les obstacles, soit aux nombreux chrétiens, qui l'affectionnaient comme un père.

Voici comment Dominique Castellet raconte les fruits du zèle de son compagnon dans l'apostolat :

« Le Père Pierre Vasquez demeura plus d'un an à Nangazaki sans en sortir, si ce n'est pour une course qu'il fit dans le royaume d'Arima, où il resta deux mois pour confesser et assister les chrétiens ; ce ministère fut couronné d'un plein succès : il entendit, en ce court espace de temps, plus de mille confessions dont plusieurs étaient d'apostats. Il revint ensuite à Nangazaki pour suivre ses travaux ordinaires. Son désir de travailler au salut des âmes était si grand qu'il refusait toutes les visites de délassement, répondant que s'il eût voulu passer doucement sa vie et prendre ses aises, il n'aurait eu qu'à rester en Espagne ; mais qu'ayant traversé tant de mers pour travailler au salut des âmes, il ne voulait plus faire autre chose. Sa discrétion et sa charité pour ceux qui le recevaient lui faisaient changer presque tous les jours de demeure, afin de n'exposer personne à son occasion. Il travailla ainsi continuellement, sans aucun repos, ne s'arrêtant qu'à l'extrémité, lorsque la maladie l'empêchait de sortir. Il confessa dans un an et cinq mois plus de sept mille personnes, passant les nuits sans dormir pour vaquer à ce saint ministère. »

On le voit, l'apostolat de Pierre Vasquez commençait à devenir bien consolant. Lui-même, malgré son humilité, est obligé de l'avouer :

« La persécution nous presse de bien près, dit-il dans une de ses lettres, je ne l'ai jamais vue si terrible depuis que je suis au Japon. Bien que je sois le dernier et le moins occupé de tous, j'ai entendu les confessions de trois mille personnes depuis le jour des Rameaux jusqu'à la fin du mois d'août. Je n'ai pas encore été pris. Ce n'est pas faute d'être exposé ; mais, n'étant pas encore digne de souffrir la mort pour Jésus-Christ, les espions n'ont pas pu me trouver. Je ne fais cependant ni plus ni moins qu'auparavant pour me cacher : bien souvent je passe devant ceux qui me cherchent sans qu'ils me reconnaissent. »

Cependant, les choses ne devaient pas toujours réussir aussi bien. Pierre Vasquez avait passé la semaine de l'âques, 1623, à Nangazaki, au milieu des chrétiens de cette ville, qu'il aimait tendrement, à cause de leur grande ferveur. Le mardi de Pâques, 17 avril, il se mit en route pour le royaume d'Arima, où il avait promis de retourner; mais il voulut, avant de partir, revoir Dominique Castellet, et ensevelir avec lui le corps du B. Louis Florès. Il pria une fervente chrétienne de Nangazaki, nommée Agnès, de vouloir bien transporter ces saintes reliques dans la retraite du Père Castellet située au milieu des montagnes, à une petite distance de la ville. Lui-même s'y rendit en toute hâte. Cette solitude paraissait bien choisie pour cette cérémonie ; on y respirait tranquille, au milieu des roseaux, dans un vrai désert.

Tout le monde arriva fidèlement au rendez-vous ; mais à peine avait-on commencé a ensevelir le corps du B. Florès, qu'on aperçut les espions du gouverneur de Nangazaki. Dominique Castellet eut le temps de fuir, mais Pierre Vasquez s'embarrassa dans les roseaux et fut pris comme un oiseau dans un filet. Les soldats se ruèrent sur lui, le lièrent avec une corde au cou et le garottèrent avec une telle force qu'il en avait les poignets ensanglantés. Si les sbires de Gonroco étaient contents de leur capture, Vasquez était plus joyeux encore d'avoir été jugé digne de souffrir pour l'amour du divin Maître. Il rentra à Nangazaki au milieu de la foule attendrie et désolée des chrétiens qui le suivaient en poussant de grands cris. « La tristesse de ces bonnes âmes me « perça vivement le cœur, écrivait le B. « Vasquez, et cependant j'eus une grande « joie en entrant dans la prison. Il fallut, « pour m'y loger, en faire sortir un voleur. « Je me souvins alors de Barrabas. »

Après un long interrogatoire et deux mois de prison à Nangazaki, on conduisit Pierre Vasquez à Omura. Il y eut au moment de son départ une grande manifestation dans la ville et jusqu'au port. « Père ! Père ! « votre bénédiction ! » s'écriaient les chrétiens, malgré la bastonnade qui les punissait aussitôt de leur dévouement et de leur tendresse filiale. Dominique Castellet, caché dans la foule, parvint à s'approcher du confesseur de la foi ; il lui adressa quelques paroles et lui baisa une dernière fois la main. Quand le B. Vasquez quitta le port, les cris redoublèrent : on vit alors ces fervents chrétiens se jeter dans l'eau pour s'approcher de plus près et recevoir encore sa bénédiction.

La prison d'Omura était vraiment devenue le noviciat des martyrs du Japon. Pierre Vasquez y resta plus de quatorze mois en compagnie des Pères Louis Sotelo et Louis Sassanda, tous deux de l'Ordre de St-François, avec un frère du même Ordre, Louis Baba ; Michel Carvalho, de la compagnie de Jésus, vint les rejoindre le 27 juillet suivant. Ces généreux martyrs renouvelèrent le touchant spectacle de leurs devanciers, les athlètes du *Grand Martyre* : leur piété toute angélique et leur invincible patience les préparaient au martyre, et leur faisaient trouver dans toutes leurs privations une joie vive et comme un avant-goût du ciel. Une petite fille de 7 ans, douce comme une agnelette, dit un historien, leur rendit de grands services durant leur captivité. Elle cherchait à obliger les Pères en tout ce qu'elle pouvait. Souvent elle leur portait secrètement de l'eau, du papier, des plumes, de l'encre ; elle se chargeait de leurs lettres et de leurs commissions pour le dehors, et faisait tout cela à l'insu des gardes, qui ne se méfiaient point de l'enfant. Nous regrettons bien d'ignorer le nom de ce petit ange qui a certainement reçu dans le ciel la récompense de cette bonne action.

Enfin, le jour du solennel holocauste arriva ; on condamna les cinq confesseurs à être brûlés vifs. Ils furent conduits, la corde au cou, à *Socabata*, qui commençait à devenir *la Sainte Montagne* d'Omura. Ils portaient tous l'habit de leur Ordre et tenaient une croix à la main. Ils trouvèrent les poteaux tout préparés et s'y laissèrent attacher avec une admirable douceur ; ils expirèrent après trois heures de souffrances en chantant les litanies et de pieux cantiques. C'était le vingt-cinq août 1624. Les corps des martyrs furent réduits en cendres, mis dans des sacs et jetés à la mer.

Le B. Pierre Vasquez avait un peu plus de trente-quatre ans quand il mourut pour la foi. Il était né à Berin, en Galicie, évêché de Lugo ; il prit l'habit de l'Ordre à l'âge de 17 ans, au couvent royal de Notre-Dame d'Atocha, à Madrid, et fit ses études au couvent de Ste-Croix de Ségovie, et de St-Thomas d'Avila. Vasquez n'avait que 22 ans quand il partit pour les Philippines. Sa vertu et son zèle apostolique le dintinguèrent bientôt parmi tant d'hommes déjà si éminents et il mérita, comme nous l'avons dit, de se dévouer à la mission du Japon, au moment où la tourmente menaçait de tout engloutir. Son zèle ardent et sa profonde humilité lui méritèrent la couronne du martyre.

XIII

**Martyre du B. Louis Bertrand Exarch et de ses
deux compagnons. 1627, 27 juillet.**

A mesure que les Frères-Prêcheurs du
Japon allaient recevoir dans le ciel la récompense de leurs travaux et de leurs
vertus, d'autres s'empressaient de quitter les
Philippines pour venir prendre place dans
les glorieuses luttes de la foi. Ce n'était pas
toutefois sans de grandes difficultés. A Manille, le gouverneur et l'archevêque lui-
même estimaient qu'il fallait laisser passer
la tempête et attendre un temps plus favorable. Les supérieurs des trois Ordres de
St-Augustin, de St-François et de St-Dominique insistèrent, et ils obtinrent enfin
d'équiper à leurs frais un navire qui devait
conduire le plus discrètement possible de
nouveaux missionnaires au secours de
chrétiens persécutés.

On comptait dans cette expédition deux
Augustins, quatre Franciscains et quatre

Dominicains. Ceux-ci perdirent un des leurs pendant le voyage : il s'appelait Didace de Ribera, homme de grande vertu et de grande science, ancien lecteur de théologie au couvent de St-Thomas de Manille ; il périt malheureusement d'un accident au milieu des plus affreuses souffrances. Parmi les autres, on distinguait Dominique de Eriquicia, l'un des plus illustres prédicateurs de son temps, Luc du St-Esprit, ancien lecteur de philosophie, et enfin Louis Bertrand d'Exarch, dont nous allons parler.

Nos missionnaires arrivèrent à Nangazaki le 14 octobre 1623 ; ils furent accueillis avec de grands sentiments de joie par le P. Dominique Castellet, vicaire-provincial de la mission depuis l'emprisonnement du P. Vasquez. Le P. Louis Bertrand se mit presque aussitôt à l'œuvre. Le ministère qu'il avait rempli pendant assez longtemps auprès des Chinois de Manille lui permit d'apprendre plus vite la langue japonaise. On le vit bientôt, habillé comme les mendiants du pays, parcourir les environs de la ville, se mettant à la disposition des chrétiens, malgré les intempéries des saisons. Il avait même coutume de choisir les temps les plus orageux pour faire ses courses apostoliques. Les missionnaires du Japon étaient obligés de faire comme les pêcheurs qui choisissent le moment où l'eau est un peu trouble pour jeter avec succès leurs filets.

Louis Bertrand, pour plus de sûreté, s'était retiré dans une cabane de lépreux, près d'Omura; mais il y fut découvert le 26 juillet 1626, comme il le raconte lui-même dans une lettre adressée à Antoine du Rosaire, administrateur de Macao. Cette lettre est datée du 26 août 1626 :

« Que Jésus soit dans nos âmes et les « remplisse de son divin amour !

« Je ne puis m'empêcher de vous dire, en vous faisant mes adieux, les grandes miséricordes du Seigneur envers un vil esclave. Je fus arrêté avec deux autres : un vieillard japonais qui avait servi de guide à nos Pères pendant plusieurs années, et un jeune homme fort dévot, nommé Pierre. On nous prit dans une cabane de lépreux. Notre bonne hôtesse qui s'appelait Marthe, voyant qu'on ne l'emmenait pas parce qu'elle n'était qu'une pauvre lépreuse, demandait à grands cris la prison comme une grâce, ce qui lui fut accordé. Les bourreaux oublièrent de me garotter la première nuit de notre arrivée ; mais notre tout aimable Sauveur a bien voulu me lier plus étroitement par les liens de sa divine charité. Ah ! que ces chaînes sont douces, belles et agréables ! que les liens sacrés de la grâce savent bien prendre et enchaîner les cœurs ! Plaise à Dieu que je sache reconnaître une si grande miséricorde ! Que si, par hasard, ma captivité traînait en longueur, et qu'avec cette lettre vous ne reçussiez pas aussi la nouvelle de ma mort, je vous supplie de demander à Notre Seigneur que, sans égard à mon indignité, il accepte dans son infinie bonté la vie que je lui offre pour la gloire de son saint Nom ! »

Le sacrifice du B. Louis Bertrand était trop sincère pour ne pas être accepté. Le 29 juillet 1627, un an et un jour après son entrée dans la prison, il en sortit pour marcher au supplice. Cabachidono, alors gouverneur de Nangazaki, dont Omura dépendait, condamna Louis Bertrand et ses deux compagnons à être brûlés vifs. Les deux Japonais avaient fait leur noviciat dans la prison, et le B. Louis, en vertu de pouvoirs spéciaux, les avait admis à la profession religieuse comme frères convers ; le premier s'appelait Mance de la Croix et le second Pierre de Ste-Marie. Quant à Marthe la lépreuse, elle avait été reçue du Tiers-Ordre et fut aussi brûlée vive avec deux de ses compagnes. Ces trois généreuses Japonaises ne sont point comprises dans la béatification des deux cent cinq martyrs.

Les martyrs furent consumés par les flammes à *Socabata*, près d'Omura, sur la colline déjà consacrée par le sang de leurs devanciers. Cependant les chrétiens vinrent à bout, on ne sait comment, de sauver la la tête du B. Louis Bertrand ; elle fut d'abord transportée à Manille, et de là à Barcelone, patrie du bienheureux, où elle est en vénération.

Louis-Bertrand Exarch était neveu, par sa mère, de saint Louis Bertrand, apôtre de l'Amérique. Il avait pris l'habit de St-Dominique à l'âge de 14 ans, dans notre couvent de Ste-Catherine de Barcelone, et fait d'excellentes études au collége de l'Ordre, à Origuela. A l'exemple de son illustre parent, il fit de rapides progrès dans la science et dans la vertu ; on admirait sa modestie angélique, la douceur de son caractère et la rigueur de ses mortifications. Enfin, pour imiter d'une manière plus parfaite le saint modèle que Dieu lui avait tracé dans sa famille et dans son Ordre, il obtint de partir pour les missions chez les infidèles, et arriva aux Philippines en 1648. Heureuses les âmes que Dieu appelle ainsi à garder dans une famille les traditions de sainteté et de généreux dévouement.

XIV

Martyre du B. François Curobioye, et de trois autres tertiaires de St-Dominique. 1627, 17 août.

Le nouveau gouverneur de Nangazaki, tout en exerçant la suprême autorité à Omura, n'oubliait pas les chrétiens fervents et zélés qu'il avait sous les yeux, et dont plusieurs gémissaient déjà dans les prisons. Il eut donc à Nangazaki de nombreuses victimes le 17 août 1627 : trois Franciscains, huit japonais du Tiers-Ordre de St-François, et quatre du Tiers-Ordre de St-Dominique.

Nous avons peu de détails sur ces quatre derniers martyrs : François Curobioye s'était distingué au service des Pères de l'Ordre, et était brûlé vif pour cette unique raison ; Caïus Xeymon était né dans l'île d'Amacusa, proche de la Corée ; il s'était toujours montré d'une très-grande ferveur et d'une grande exactitude dans ses devoirs de Tertiaire ; il finit aussi sa vie sur le bû-

cher. Venait ensuite Madeleine Kyota, illustre veuve, princesse du sang royal, née
à Nangazaki, et alliée à la famille du roi
de Bungo: elle fut encore plus grande par
ses vertus que par sa naissance: elle était
fille spirituelle du B. Dominique Castellet,
et avait fait avec sa permission les trois
vœux de pauvreté, de chasteté et d'obéis-
sance. Les missionnaires avaient coutume
de venir célébrer la sainte messe dans sa
maison ; c'est pour cette raison et aussi
parce qu'elle était le soutien et l'exemple
des chrétiens de Nangazaki, qu'elle fut
condamnée à avoir la tête tranchée. Enfin,
venait une autre tertiaire du nom de Fran-
çoise, également veuve et mère du B. Léon,
Martyr: elle avait aussi une chapelle dans
sa maison, c'en fut assez pour mériter d'ê-
tre brûlée vive en compagnie des martyrs
dont nous venons de parler. On peut facilement se faire une idée de la vive émotion
que dut produire à Nangazaki le triomphe
de tous ces héros chrétiens.

XV

**Martyre du B. Dominique Castellet et de ses
compagnons. 1628, 8 septembre.**

Nous avons déjà plusieurs fois parlé de
Dominique Castellet, l'intrépide compagnon
de Pierre Vasquez, à son arrivée au Japon
en 1621, et son émule dans l'apostolat et
dans la vie de perfection. Ils avaient tous
deux embrassé la croix avec une ardeur et
un zèle dignes d'être comparés à ce que
l'on raconte des plus grands saints. Vasquez
avait reçu sa couronne après trois ans de
labeurs et de souffrances ; Castellet dut
attendre sept ans.

Il n'est pas possible d'exprimer l'acti-
vité prodigieuse du B. Dominique Castellet.
Il parcourut en tous sens les différentes
provinces du Japon ; à lui seul, il semblait
tenir lieu d'une armée de missionnaires.
On le voyait partout, à Nangazaki, à Omura,
à Arima, à Firando. Rien ne pouvait arrêter
son zèle, ni les dangers, ni la faim, ni la

soif, ni les fatigues. Il prófitait des ombres de la nuit pour voler partout où l'appelait une âme à sauver, et marchait comme sans y prendre garde, les pieds nus, dans la neige, dans la boue, sur les cailloux ou sur la glace. Une vie si laborieuse n'enlevait rien de ses austérités particulières, et ne l'empêchait pas de garder les jeûnes et les abstinences de l'Ordre. Souvent dans les dernières années, il songeait à l'heureux sort de l'ami qu'il avait perdu, et il se surprenait à désirer le martyre. Il plut enfin à la miséricorde divine de lui accorder cette grâce.

Les émissaires du gouverneur le surprirent, le 15 juin 1628, dans la maison d'une tertiaire de St-Dominique, Louise-Lucie ; il fut immédiatement conduit dans les prisons de Nangazaki, avec la pieuse tertiaire qui lui avait donné l'hospitalité. Cette arrestation donna lieu à une recrudescence de persécution. Il se trouva bientôt dans les fers un grand nombre de chrétiens, de tertiaires, de religieux, et en particulier deux frères convers de l'Ordre de St-Dominique, Thomas de St-Hyacinthe et Antoine de St-Dominique.

La présence du B. Dominique Castellet

dans la prison était pour tous un grand sujet de consolation; mais ce fut particulièrement pour les tertiaires de St-Dominique une source de grâces abondantes. Le cœur d'un saint n'a-t-il pas toujours des richesses spirituelles à communiquer aux âmes qui s'en approchent de plus près? Cette prison devint donc une véritable école de perfection et comme la porte du ciel. Les prisonniers se levaient à minuit, observant à la lettre la règle du Tiers-Ordre; ils faisaient oraison mentale et vocale pendant une heure. Sur les quatre heures du matin, ils se levaient et vaquaient à la prière jusqu'à six. Dominique Castellet célébrait alors la sainte messe avec une dévotion toute angélique; les frères y communiaient; le reste de la matinée se passait encore en prière. A midi, on dinait d'une manière plus que frugale. Sur les trois heures, on disait Vêpres et complies avec les litanies de la sainte Vierge; l'oraison mentale suivait jusqu'à cinq heures et demie. Ne pouvant dire l'office dans l'obscurité de la nuit, ils disaient alors matines qui étaient suivies du chant des hymnes, de colloques spirituels et de l'examen de conscience. Plusieurs surajoutaient encore de sanglantes disciplines. Tels furent les saints exercices des fervents tertiaires de St-Dominique durant le cours de leur captivité.

Après trois mois d'emprisonnement, les persécuteurs se lassèrent : ils avaient hâte d'en finir avec ces courageux athlètes de la foi qu'ils ne pouvaient pas espérer de gagner à l'apostasie. Le 8 septembre, on en choisit douze pour être brûlés vifs et dix pour être décapités.

Parmi ceux qui furent choisis pour le supplice du feu, outre le P. Castellet, les deux convers que nous avons nommés et trois franciscains, on comptait sept tertiaires de St-Dominique. Jean Tomaki, l'un des plus illustres, vit mettre à mort devant lui ses quatre fils, les bienheureux Dominique, âgé de 16 ans, Michel, de 13 ans, Thomas, de 10 ans, Paul, de 7 ans. Venait après Jean Imamura ; ce fervent tertiaire avait mis une barque au service des missionnaires, il les transportait au milieu de tous les périls, sans hésiter jamais un instant dans l'exercice des laborieuses fonctions qu'il s'était imposées ; on le voyait aussi sans cesse dans les prisons pour consoler les prisonniers. Les deux suivants,

Paul Aybara, et Romain, que l'on croit être son père, étaient voisins de la B. Louise-Lucie, et furent mis en prison pour cette raison ; le christianisme, aux yeux des persécuteurs , méritait d'être poursuivi comme la peste. Paul avait pris soin d'instruire les néophytes, Romain préparait les infirmes à recevoir les derniers sacrements. Il y avait aussi deux autres tertiaires, très-fervents et très-zélés, Matthieu Alvarez et Michel Yamada; ce dernier vit aussi couper sous ses yeux la tête à son fils Laurent, âgé seulement de trois ans.

Enfin, la dernière victime condamnée au feu était la B. Louise-Lucie; elle fut trouvée assez coupable aux yeux des persécuteurs pour être brûlée vive en compagnie de son B. Père Dominique Castellet. C'était lui faire justice ; elle ne se plaignit pas. Cette sainte tertiaire pouvait être considérée comme un des principaux soutiens de l'Eglise au Japon. Elle était née en 1548, un an avant l'arrivée de saint François-Xavier ; elle avait donc quatre-vingts ans quand elle fut conduite au martyre. Depuis sa plus tendre enfance, et sous l'inspiration des premiers missionnaires, elle avait voué à Dieu sa virginité; elle s'était aussi toujours montrée très-dévouée aux Pères de l'Ordre de St-Dominique et à toutes leurs œuvres, particulièrement au saint Rosaire, dont elle était l'âme dans la ville de Nangazaki. Telles étaient les douze victimes de ce martyre, destinées au supplice du feu.

Les dix autres confesseurs de la foi furent décapités: c'étaient les quatre fils de Jean Tomaki, que nous avons nommés plus haut, et Laurent, fils de Michel Yamada; venaient ensuite trois fervents tertiaires de St-Dominique: Léon Combioye, Jacques Fayaxida et Louis Nifaki; ce dernier conduisait avec lui au martyre ses deux fils, François, âgé de cinq ans, et Dominique, âgé de deux ans.

Dominique Castellet était vraiment digne d'être le chef et le conducteur de cette phalange de héros chrétiens. En allant au supplice, il rencontra son ami et son disciple, Edouard Correya, zélé Portugais, qui ne pouvait retenir ses larmes: « Ne vous « désolez pas, mon cher Edouard, lui dit « le B. martyr, nous restons plus que ja-« mais unis en Dieu. Nous allons au ciel, « priez Dieu pour moi. »

Ces vingt-deux martyrs reçurent leur couronne sur la sainte montagne de Nangazaki, et leurs cendres furent jetées à la mer.

Le B. Dominique Castellet était né à Esparraguera, en Catalogne, le 7 octobre 1592; il prit l'habit de l'Ordre au couvent de Ste-Catherine de Barcelone, à l'âge de seize ans (23 octobre 1608), et partit cinq ans après pour les missions de l'Extrême-Orient. Cette vocation précoce était vraiment inspirée par l'esprit de Dieu, comme l'ont prouvé dans la suite les fruits admirables de l'apostolat de notre bienheureux martyr.

XVI

Martyre du B. Michel Fimomoya, et de ses deux compagnons, tous tertiaires de St-Dominique. 1628, 16 septembre.

Huit jours après le Martyre du B. Dominique Castellet et de ses compagnons, on conduisait encore au supplice trois tertiaires de St-Dominique : c'étaient Michel et Paul Fimomoya, et Dominique Xobioye ; ce dernier remplissait alors les fonctions de prieur de la confrérie du saint Rosaire à Nangazaki. Ils furent tous les trois décapités sur la sainte Montagne. Ainsi se termina le récit des martyrs dominicains béatifiés par Pie ix le 7 juillet 1867.

XVII

Conclusion.— Dernières nouvelles.

Il restait encore au Japon à l'époque où
s'arrêtent les décisions du Souverain-
Pontife un certain nombre de religieux de
l'Ordre de St-Dominique ; d'autres y arrivèrent dans la suite, et tous y périrent dans
les plus affreux tourments. Il ne nous ap-
partient pas de prévenir les jugements de
l'Eglise. Nous ne faisons ici qu'indiquer les
noms et les dates des principaux sacrifices
qui illustrèrent ces dernières luttes.

En 1633, Dominique Eriquicia, avec le
frère François, japonais ; le Père Jacques
de Ste-Marie, japonais élevé au couvent de
Manille, et son catéchiste, Michel Quibioye ;
Luc du St-Esprit, et deux frères du Tiers-
Ordre ; les Pères Thomas de St-Hyacinthe et Jourdain de St-Etienne, avec deux
sœurs du Tiers-Ordre.

Nous ne pouvons pas ne point accorder

une mention toute particulière à ceux que le P. Alexandre de Rhodes, illustre missionnaire jésuite, appelle *les plus grands martyrs du Japon*. C'étaient les Pères Guillaume Courtet, religieux de la province de Toulouse, Michel de Ozarata, Antoine Gonzalès, Vincent de la Croix. Ces illustres confesseurs de la foi eurent à souffrir des supplices atroces qu'ils endurèrent avec une patience héroïque. Ils s'écriaient au milieu des tortures : «Ah! qu'il est doux de « souffrir ! Reine du saint Rosaire, priez « pour nous! »

Il nous est désormais impossible de poursuivre l'énumération des événements tragiques du Japon, et de compter toutes les victimes de cette guerre à outrance. Dans le nombre il y eut une multitude de confrères du saint Rosaire qui périrent en haine de la foi. Espérons que ces derniers combats recevront bientôt aussi les honneurs d'un solennel triomphe.

Au reste, la divine Providence vient de parler à son tour. Les dernières nouvelles du Japon enregistrées dans les *Annales de la Propagation de la Foi* nous laissent entrevoir les plus belles espérances. Nous ne pouvons nous empêcher d'en rapporter quelques extraits. Mgr. Petitjean raconte ainsi la visite des chrétiens japonais restés fidèles qu'il reçut, pour la première fois, le vendredi 17 mars 1865:

« Vers midi et demi, une quinzaine de personnes se tenaient à la porte de l'église. Poussé par mon bon ange, je me rends auprès d'elles et leur ouvre la porte. J'avais à peine eu le temps de réciter un *Pater*, que trois femmes de cinquante à soixante ans s'agenouillent près de moi, et me disent, la main sur la poitrine et à voix basse:

« — Notre cœur, à nous tous qui sommes ici, ne diffère point du vôtre.

« — Vraiment! mais d'où êtes-vous donc? »

« Elles me nomment leur village et ajoute:

« — Chez nous, presque tout le monde nous ressemble. »

« Soyez béni, ô mon Dieu, ajoute Mgr Petitjean, pour tout le bonheur dont mon âme fut alors inondée. Quelle compensation des cinq années d'un ministère stérile! A peine nos chers Japonais se sont-ils ouverts à moi, qu'ils se laissent aller à une confiance qui contraste étrangement avec les allures de leurs frères païens. Il faut répondre à toutes leurs questions, leur parler de *O Deous Sama*, *O Yaso Sama*, *Santa Maria Sama*, noms par lesquels ils désignent Dieu, Notre-Seigneur Jésus-Christ, la Sainte Vierge (1). La vue de la statue de Notre-Dame avec l'Enfant-Jésus, leur rappelle la fête de Noël, qu'ils ont célébrée au onzième mois, m'ont-ils dit. Ils me demandent si nous ne sommes pas au dix-septième jour du temps de la tristesse (carême). St-Joseph ne leur est pas nòn plus inconnu ; ils l'appellent le père adoptif de Notre-Seigneur : *O Yaso Samano yo fou*. Au milieu des questions qui se croisaient de toutes parts, un bruit de pas se fait entendre. Tout aussitôt de se disperser. Mais dès que les nouveaux venus sont reconnus, tous accourent en riant de leur frayeur.

« — Ce sont des gens de notre village.
« Ils ont le même cœur que nous. »

Il fallut pourtant se séparer pour ne pas éveiller les soupçons des officiers dont je redoutais la visite (2). »

(1) En Japonais, le mot *sama*, signifie roi, s uverain.
(2) *Annales de la propag. de la Foi*, t. XL, p. 117.

On marcha bientôt de découvertes en découvertes. Cette première visite fut suivie d'une multitude d'autres ; le jeudi et le vendredi saint suivants, quinze cents personnes visitaient l'église des missionnaires à Nangazaki. On apprit que deux mille cinq cents chrétiens étaient disséminés dans les environs de cette ville, et qu'il en restait encore un grand nombre dans tout le Japon, un peu partout.

Un catéchiste, nommé Pierre, interroge un jour les missionnaires sur le grand chef du royaume de Rome, dont il désire savoir le nom. « Lorsque nous lui disons, ajoute Mgr Petijean, que l'auguste vicaire de Jésus-Christ, le saint Pontife Pie IX, sera bien content d'apprendre les consolantes nouvelles que lui et ses compatriotes chrétiens viennent de nous donner, Pierre laisse éclater toute sa joie. Et néanmoins, avant de nous quitter, il veut s'assurer encore si nous sommes bien les successeurs de leurs anciens missionnaires.

« — N'avez-vous point d'enfants ? nous demande-t-il d'un air timide.

« — Vous et tous vos frères chrétiens « et païens du Japon, voilà les enfants que « le bon Dieu nous a donnés. Pour d'au-

« tres enfants, nous ne pouvons pas en
« avoir ; le prêtre doit, comme vos pre-
« miers apôtres, garder toute sa vie le
« célibat. »

« A cette réponse, Pierre et son compagnon inclinèrent leur front jusqu'à terre,
en s'écriant :

« — Ils sont vierges. Merci ! merci ! (1) »

Il était juste que le saint Rosaire eût aussi
son triomphe dans toutes ces découvertes
de la foi chrétienne restée vivante au Japon. Non seulement on venait demander
des chapelets aux missionnaires, comme
des objets pieux, signes extérieurs de la
prière, mais on avait aussi gardé le souvenir des mystères de notre sainte Religion
qui s'y rattachent.

Nous lisons dans le journal de Mgr Petitjean : « — 31 juillet 1865. — Un catéchiste
vient, en plein midi, s'informer de l'exactitude des prières contenues dans un recueil
qu'il m'a remis il y a quelques semaines.
Il m'apporte un autre recueil à examiner.
A part quelques fautes de prononciation et
de copie, ces prières sont une traduction
littérale du Signe de la croix, de l'Oraison

(1) *Annales*, p. 119.

dominicale, de la Salutation angélique, du Symbole des apôtres, du *Confiteor*, de l'Acte de contrition, des méditations sur les Mystères du Rosaire, etc. (1). »

A côté de ces débris de prières et de réflexions pieuses, copiés sans doute sur quelques uns des derniers exemplaires du *Manuel du saint Rosaire*, nous voyons bientôt apparaître un autre signe distinctif de l'amour de ces peuples pour le saint Rosaire. Une famille possédait encore une image représentant les quinze Mystères du Rosaire ; les gens du village et des environs venaient la vénérer. Ce pieux trésor ne semblait-il pas indiquer que Marie, par son Rosaire, préparait au Japon de nouveaux triomphes ?

En effet, la nation qui conserve des traces aussi profondes de christianisme, après plus de deux cents ans de persécution et de délaissement humain, n'est point une nation perdue pour la foi. Le sang de nos glorieux martyrs y a déposé une semence précieuse qui fructifiera en son temps. Les saintes montagnes de Nangazaki et d'Omura seront à jamais de précieux réservoirs de grâces

(1) *Annales*, p. 120.

et de bénédictions pour ce peuple généreux
et fidèle, et dût-il affronter encore des
épreuves et des supplices, Marie qui le
garde ne le laissera point périr.

Déjà l'ère des persécutions recommence
au Japon. Qu'il nous suffise de dire que
de nombreux chrétiens gémissent dans les
fers et confessent avec une sainte intrépidité la foi chrétienne. Les enfants eux-
même montrent une grande fermeté. L'un
d'eux, âgé de onze ans, s'est distingué par
une générosité vraiment héroïque. A toutes
les menaces et à toutes les sollicitations, il
a répondu : « Je ne cesserai pas d'être
« chrétien » On l'a surnommé *Jamen,*
c'est-à-dire : *Je ne cesse point* (1).

Les chrétiens du Japon manifestent pour
le Souverain-Pontife un amour et une confiance sans borne ; ils éprouvent une grande
consolation à lui faire part des souffrances
qu'ils endurent pour l'amour de Jésus-
Christ (2). Pie IX, de son côté, ne cesse de
les encourager et de les bénir. Voici quel-

(1) *Annales,* t. XII. 238. Juillet 1868.
(2) Les *Missions catholiques,* 17 juillet 1868. Outre
plusieurs lettres des chrétiens du Japon, ce numéro
renferme la lettre apostolique du St-Père dont nous
donnons un extrait plus loin.

ques-unes des paroles adressées par le Saint-Père à Mgr Petitjean, dans une lettre apostolique du 8 janvier 1868.

« .... Nous félicitons donc ces bien-aimés fils de ce qu'au début même de leur entrée publique dans la foi, ils ont été jugés dignes de souffrir l'opprobre pour le nom de Jésus ; Nous les félicitons de ce qu'ils ont parfaitement compris que la vie de l'homme sur la terre est un combat, de ce qu'ils se sont souvenus que le Divin-Maître a dit à ses disciples : « S'ils « m'ont persécuté, ils vous persécuteront « aussi, » et qu'il leur a prescrit à chacun de porter sa croix et de le suivre ; mais surtout Nous les félicitons de ce qu'ils sont bien persuadés que ceux-là sont heureux qui sont outragés et persécutés pour le Nom du Seigneur, de ce qu'ils sentent qu'ils doivent se réjouir, parce que leur récompense sera grande dans le ciel. En effet, ces divins enseignements ont tellement pénétré le cœur de ces fidèles que loin de déplorer leurs propres malheurs, ceux de leurs proches ou de leurs amis, ils portent même une sainte envie aux opprimés ; qu'ils désirent avec ardeur de participer à leur sort, et sont résolus, au sein même du péril menaçant, d'étendre jusqu'à d'autres, dans la mesure de leurs forces, les bienfaits de la foi qu'ils ont reçus. En présence de tels sentiments, quelle espérance ne revient pas à l'Eglise, à Nous, à vous, vénérable Frère? Oui, Nous unissons Nos prières à leurs prières, afin que Dieu, par l'intercession de Marie, Vierge immaculée, et des Saints qui ont fécondé cette terre de leur sang, écarte enfin tous les obstacles qui, si longtemps, s'opposèrent à la propagation de l'Evangile ; Nous lui demanderons qu'il confirme ce qu'il a opéré en plusieurs, afin qu'après les avoir purifiés de toutes les souillures des vieilles superstitions, il les remplisse plus abondamment de son esprit ; qu'en outre, par leur exemple et leurs efforts, il réveille ceux qui sont encore assis dans les ténèbres et à l'ombre de la mort, et qu'il les ramène à la lumière et à la vérité. »

Vous le voyez, chers Associés du saint Rosaire, il nous reste à prier beaucoup pour le Japon. Vénérons aussi avec une pieuse confiance nos Bienheureux Martyrs, et imitons leurs sublimes exemples. Ayons comme eux un grand amour de la croix et un grand amour du Rosaire. Sachons comprendre toute l'étendue de ce précieux trésor confié par Marie à notre piété et à notre zèle; ce sera très certainement pour nous la cause d'un glorieux triomphe (1).

(1) L'Ordre de St-Dominique célèbre le 1er juin la fête du B. Alphonse Navarrete et de ses compagnons martyrs.

CANTIQUE

sur le

TRIOMPHE DU SAINT ROSAIRE

AU JAPON (1).

***

Refrain.

Victoire ! victoire !
Eternelle mémoire
Aux martyrs du Japon !
Oui, gloire aux enfants du Rosaire,
Mourant pour leur divine Mère,
Le cœur rempli de son doux nom !

1.

Allez ! Enfants de Dominique,
Le cœur ému, l'air souriant,

(1) Le R. P. Fr. Marie-François a bien voulu faire ce cantique en l'honneur de nos martyrs du Japon. On peut le chanter sur l'air de *la Lyre mystique*, 1re part. page 58.

Pleins de l'esprit apostolique
Porter la foi dans l'Orient :
Plantez le Rosier de Marie ;
Qu'il soit baigné de vos sueurs,
Et sous le beau ciel de l'Asie,
Multipliez partout ses fleurs.

2.

L'arbre croissait, plein d'espérance ;
Partout le Rosaire est aimé :
Par sa douce et suave essence
Tout l'Orient est embaumé ;
Mais un tyran, plein de furie,
Pour renverser l'œuvre de Dieu,
Sur le saint Rosier de Marie
Promène le fer et le feu !

3.

Hélas ! je vois parmi les branches
Jonchant le sol de leurs débris,
De gracieuses roses blanches,
Dignes de croître au paradis ;
Petites fleurs à peine écloses....
Jeunes enfants morts pour Jésus,
Vous formez un bouquet de Roses
Que Dieu présente à ses élus !

4.

Oui, des enfants, de faibles femmes,
Comme les prêtres du saint lieu,

Sont heureux de livrer leurs âmes,
Tout embrasés d'amour pour Dieu :
Sous l'étendard du saint Rosaire,
En chantant le nom du Sauveur,
Ils voudraient tous, sur un calvaire,
Mourir en croix pour le Seigneur !

5.

Mais le tyran, dans sa malice,
Invente des tourments divers, ...
Les uns terminent leur supplice
Dans les cachots, chargés de fers ;
D'autres périssent par les flammes
Ou par le glaive du bourreau....
Mais rien ne peut vaincre ces âmes :
Mon Dieu ! que leur triomphe est beau !

6.

Nangazaki ! sainte colline !
Vers toi s'envolent mes désirs,
Sur ton sommet mon front s'incline
Pour baiser le sang des martyrs !
C'est là surtout que leurs phalanges
Ont vaincu l'enfer en courroux...
O Martyrs ! à vous nos louanges !
Du haut du ciel, veillez sur nous !

7.

Daignez, ô milice héroïque !
Prier la Mère du Sauveur,

Pour qu'un Fils de St-Dominique
Retourne à ce poste d'honneur !
Déjà ce peuple nous appelle,
Il est plein de nos souvenirs....
Laissez-nous, ô Vierge fidèle,
Voler sur les pas des martyrs !

Amen !

TABLE DES MATIÈRES.

—

FIN.

Typ. H. Damelet, à Lons-le-S. —1115-68.